Cartas de
RODEZ

ANTONIN ARTAUD

Cartas de RODEZ

Seleção e tradução
Jorge Henrique Bastos

ILUMI/URAS

Copyright © desta tradução e edição
Editora Iluminuras Ltda.

Título original
Lettres de Rodez

Capa e projeto gráfico
Eder Cardoso / Iluminuras
sobre *autoretrato,* Antonin Artuad, litografia

Revisão
Monika Vibeskaia

CIP-BRASIL. CATALOGAÇÃO NA PUBLICAÇÃO
SINDICATO NACIONAL DOS EDITORES DE LIVROS, RJ
A824c
    Artaud, Antonin, 1896-1948. Cartas de Rodez / Antonin Artaud ; seleção e tradução
        Jorge Henrique Bastos. - 1. ed. - São Paulo : Iluminuras, 2023.
    196 p.

    Tradução de: Lettres de Rodez.
    ISBN 978-65-5519-199-8

      1. Artaud, Antonin, 1896-1948 - Correspondência. 2. Psicanálise. I. Bastos,
        JorgeHenrique. II. Título.
23-84750   CDD: 846
                CDU: 82-6(44)
Gabriela Faray Ferreira Lopes - Bibliotecária - CRB-7/6643

2023
ILUMI/URAS
desde 1987
Rua Salvador Corrêa, 119 - 04109-070, Aclimação - São Paulo/SP - Brasil
Tel./ Fax: 55 11 3031-6161
iluminuras@iluminuras.com.br
www.iluminuras.com.br

Índice

Nota Explicativa, 11
Jorge Henrique Bastos

Chezal-Benoît, 29 de janeiro de 1943
    A Robert Desnos, 19
Rodez, 12 de fevereiro de 1943
    A Gaston Ferdière, 20
Rodez, 15 de fevereiro de 1943
    Ao dr. Jacques Latremolière, 23
Rodez, 17 de fevereiro de 1943
    A Jean Paulhan, 26
Rodez, 29 de março de 1943
    A Gaston Ferdière, 27
Rodez, 29 de março de 1943
    A Frederic Delanglade, 34
Rodez, 7 de abril de 1943
    A Gaston Ferdière, 36
Rodez, 15 de abril de 1943
    A Jean-Louis Barrault, 37
Rodez, 10 de junho de 1943
    A Senhora Ferdiére, 40
Rodez, 7 de julho de 1943
    A Jean Paulhan, 42
Rodez, 12 de julho de 1943
    A Gaston Ferdière, 47
Rodez, 20 de julho de 1943
    A Gaston Ferdière, 54
Rodez, 31 de julho de 1943
    Ao dr. Jacques Latremolière, 61
Rodez, 13 de agosto de 1943
    A Gaston Ferdière, 65

Rodez, 17 de setembro de 1943
    A Gaston Ferdière, 71
Rodez, 17 de setembro de 1943
    A senhora Artaud, 75
Rodez, entre 17 e 25 de setembro de 1943
    A Gaston Ferdière, 77
Rodez, 25 de setembro de 1943
    A Gaston Ferdière, 78
Rodez, 30 de setembro de 1943
    A Jean Paulhan, 81
Rodez, 5 de outubro de 1943
    A Jean-Louis Barrault, 84
Rodez, 10 de outubro de 1943
    A Sonia Mossé, 87
Rodez, 18 de outubro de 1943
    A Gaston Ferdière, 92
Rodez, 25 de novembro de 1943
    A senhora Artaud, 98
Rodez, 9 de dezembro de 1943
    A Jean Paulhan, 99
Rodez, 11 de dezembro de 1943
    A Gaston Ferdière, 102
Rodez, 27 de dezembro de 1943
    A Anne Manson, 105
Rodez, 31 de dezembro de 1943
    A Gaston Ferdière, 108
Rodez, 1 de janeiro de 1944
    A Pierre Souvtchinsky, 110
Rodez, 4 de janeiro de 1944
    A Anne Manson, 112
Rodez, 26 de janeiro de 1944
    A senhora Artaud, 115
Rodez, 27 de janeiro de 1944
    A Jean Paulhan, 117
Rodez, 29 de janeiro de 1944
    A Roger Blin, 120

Rodez, 30 de janeiro de 1944
      A André Gide, 123
Rodez, 1 de fevereiro de 1944
      A Jean-Louis Barrault, 125
Rodez, depois de 5 de fevereiro de 1944
      A Gaston Ferdière, 127
Rodez, 10 de fevereiro de 1944
      A Annie Besnard, 129
Rodez, 11 de fevereiro de 1944
      A Gaston Ferdière, 132
Rodez, 21 de fevereiro de 1944
      A Anne Manson, 136
Rodez, 29 de fevereiro de 1944
      A Robert Beckers, 142
Rodez, 2 de abril de 1944
      A Gaston Ferdière, 146
Rodez, 21 de abril de 1944
      A Pierre Souvtchinsky, 150
Rodez, 25 de abril de 1944
      A Adrienne Monnier, 152
Rodez, rumo a 20 de maio de 1944
      A Gaston Ferdière, 154
Rodez, 25 de agosto de 1944
      A senhora Artaud, 156
Rodez, 12 de dezembro de 1944
      A Annie Besnard, 158
Rodez, (?) de 1944
      A Gaston Ferdière, 160
1 de janeiro de 1945
      A Gaston Ferdière, 162
Rodez, rumo a 9 de março de 1945
      A Gaston Ferdière, 163
Rodez, 30 de outubro de 1945
      A Gaston Ferdière, 168
Rodez, indo para 30 de outubro de 1945
      A Gaston Ferdière, 170

Rodez, final de outubro de 1945
        A Gaston Ferdière, 171
Rodez, 28 de fevereiro de 1946
        A Gaston Ferdière, 173
Rodez, à volta de 10 de março de 1946
        A Gaston Ferdière, 175
Rodez, 13 de março de 1946
        A Gaston Ferdière, 177
Espalion, 28 de março de 1946
        A Gaston Ferdière, 179
Rodez, no transcurso de abril de 1946
        A Gaston Ferdière, 181
Rodez, no transcurso de abril de 1946
        A Gaston Ferdière, 182

Posfácio
        Sob o signo do desastre, 185
    Adrián Cangi

Nota Explicativa

Jorge Henrique Bastos

Após passar por vários manicômios, Artaud chega ao Hospital de Rodez por via da influência do poeta surrealista, Robert Desnos, amigo do médico-chefe, Gaston Ferdière, que o acolherá, terá um tratamento um pouco mais humano, e voltará à escrita estimulado pelo diretor citado. As Cartas aqui selecionadas abarcam o período que compreende janeiro de 1943 e abril de 1946.

Esta foi uma fase de algum equilíbrio, determinante para que Artaud retomasse a escritura da sua obra e obtivesse alguma serenidade de espírito, tendo em vista o que sofrera após a prisão em Dublin e a respectiva deportação para a França, tudo à volta dos fatos que envolveram o báculo de São Patrício.

Tal produção epistolar revestiu-se de uma importância não só histórica como literária, suplantando a mera curiosidade psicanalítica, inclusive. Percebemos a voz de um homem que

Antonin Artaud jovem, no papel de Gringalet, no filme *O judeu errante*, 1926

oscilava entre a lucidez e o turbilhão da loucura, debatendo-se consigo mesmo e em simultâneo tentando manter algum vínculo com o que restava de um mundo em ruínas. Não esqueçamos que a Europa estava em plena Segunda Guerra. As Cartas se tornaram o elo com amigos e amigas que o acompanharam no purgatório que viveu nos últimos anos de

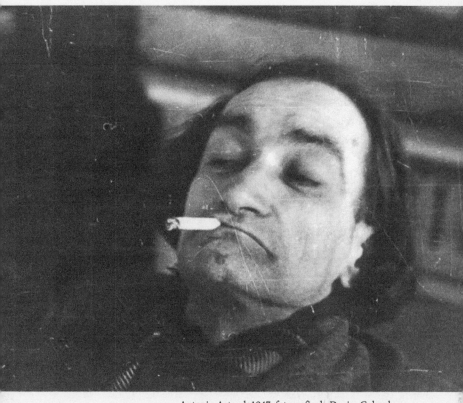

Antonin Artaud, 1947, fotografia de Denise Colomb

vida, e de certa maneira foram um alento para atenuar a outra guerra que travava com ele mesmo.

Antes de toda a tragédia pessoal se realizar, Artaud era reconhecido como um dos atores mais importantes do seu tempo — participara em filmes dos maiores diretores da época, como Fritz Lang, Carl Dreyer, Abel Gance, Pabst. Além de fazer amplo sucesso com as suas montagens, revolucionando a amplitude da linguagem teatral. De certa forma, o trabalho de Artaud entrou para a história do cinema e do teatro devido ao aspecto de vanguarda que explorara. Além de ter sido um dos nomes cruciais do Surrealismo francês, junto com André Breton, Louis Aragon, Phillippe Soupault, Man Ray, entre muitos outros.

Em termos conteudísticos, há determinadas especificidades nestas Cartas que resolvi preservar (com o aval da editora), visando acatar a estilística exclusiva do autor de *O Teatro e seu Duplo*. Daí que o leitor seja alertado sobre alguns pontos esclarecedores que encontrará no texto, para não despertar nenhuma estranheza ao longo da leitura.

A ausência de pontuação, a incongruência ortográfica de nomes de pessoas e localidades, são algumas destas minúcias que resolvemos respeitar, segundo a configuração vocabular usada pelo poeta. Há ainda aspectos como a utilização de maiúsculas e minúsculas — Artaud grafa quase sempre "Jesus cristo" —, que também respeitamos, procurando sempre intervir o mínimo possível no seu estilo característico.

Apesar destes pormenores estruturais, a mensagem que transparece em muitas destas Cartas são de um profundo humanismo, comovedoras em certos casos. Mesmo envolto na situação extrema de tratamentos manicomiais que, hoje, seriam alvo de críticas acérrimas, Artaud ainda consegue refletir sobre a tragédia bélica em curso, analisar os limites da linguagem, traduzir Lewis Carrol, assim como abrandar o peso da consciência materna, preocupada em alimentar o filho preso algures num asilo.

Em 1977, o médico Gaston Ferdière, numa rara aparição pública, escrevera um texto de apresentação de um livro publicado pela Gallimard*. Ele resumiu assim o que pensava: "Ao longo de uma vida que já começa a ser longa, encontrei certo número de criadores que situo entre os gênios e os videntes. Compreender-se-á o lugar que concedo a Antonin Artaud".

Esta tradução é dedicada em memória do grande xamã vanguardista do teatro brasileiro: Zé Celso Martinez Corrêa.

---

* *Nouveaux Écrits de Rodez.*

Cartas de
RODEZ

Chezal-Benoît, 29 de janeiro de 1943*

A Robert Desnos**

MEU QUERIDO ROBERT DESNOS, FOI EM SUA CASA QUE CONHECI O DR. FERDIÈRE DE RODEZ EM 1935 E RECORDO TAMBÉM QUE NO NOSSO ENCONTRO INTERVEIO O OCULTO E QUE ESTANDO AQUI ANTEONTEM 27 DE JANEIRO DE 1943, TODOS VOCÊS ESTAVAM AO MEU REDOR, NA RUA MAZARINE EM 1935, AQUI, EM CHEZAL-BENOÎT, EM 27 DE JANEIRO DE 1943. E O CÉU ONDE VOLTOU A SE ENCONTRAR SUA ALMA CRISTÃ E BATIZADA, COM A ALMA DE JESUS CRISTO, TAMBÉM ESTAVAM AO NOSSO REDOR. E EXIGINDO PARA QUE ENTRASSE NO REGIME DE HOMEM E NÃO DE ANIMAL ESFOMEADO, MARTIRIZADO E ENVENENADO TAL COMO ME MANTIVERAM DURANTE 5 ANOS E 4 MESES NO ASILO DE ALIENADOS FRANCESES, O DR. FERDIÈRE TEVE UM GESTO CRISTÃO. AGORA ESPERO QUE ELE ME ENTREGUE À MINHA FAMÍLIA QUE NÃO É DA TERRA SENÃO DO CÉU.

ANTONIN NALPAS

---

* Cartão postal, citado por Youki Desnos em *Les confidences de Youki* (Librairie Arthème Fayard, 1957).
** Poeta surrealista, morreu de tifo, no campo de concentração de Terezin, pouco depois da libertação.

Inemi tenter monientan
Inemon ton tarinan

Rodez, 12 de fevereiro de 1943

A Gaston Ferdière

Querido doutor e amigo,

Na sua oferta em acolher-me em sua casa e tratar diretamente de mim, há algo mais do que o desejo de fazer justiça a um escritor internado injustamente já que nenhum dos médicos que trataram do seu caso reconheceram-no como alienado, há neste ímpeto de simpatia que o levou a interceder por mim, uma inspiração esconsa que vem do alto, quero dizer, doutor Ferdière, que vem de Deus, e fora ele que o incitou a ajudar um homem desconhecido e abjurado por outros homens que sou eu. Com efeito, Antonin Artaud era um escritor, um homem de teatro e um ator célebre pelo menos à primeira vista é curioso que seu internamento tenha permanecido por mais de cinco anos sem nenhuma prudência e sem que algum movimento de repulsa eficaz erguesse a seu favor a consciência das pessoas honradas. Embora tenha havido muita indignação e vários movimentos de pessoas nas ruas da França e pelo mundo dr. Ferdière desde que Antonin Artaud fora internado. Houve em Le Havre, em torno do Hospital Pinel de Le Havre onde Antonin Artaud era mantido em camisa de força e envenenado à força na sua comida, enquanto repicavam os sinos de todas as igrejas de Le Havre e esse movimento era conduzido por André Breton e a Ação Francesa, houve outros em Rouen, Sainte-Anne, e aconteceram inúmeros eventos sangrentos nas ruas de Paris por causa de Antonin Artaud enquanto ele estava em Ville-Evrard.

Mas o que quero lhe dizer dr. Ferdière é isto: no caso de Antonin Artaud não se trata de literatura nem teatro mas de *religião* e foi por causa de suas ideias religiosas, por sua atitude religiosa e mística que Antonin Artaud foi perseguido ATÉ A SUA MORTE por uma multidão de franceses. E aqui, dr. Ferdière, preste atenção. Ao contrário do que alguma vez pensaram com ligeireza sobre ele, Antonin Artaud era profundamente religioso e cristão. Foi neste mundo o representante mais habilitado e puro da genuína Religião de Jesus cristo da qual o catolicismo exotérico não era há muito tempo mais do que uma despudorada caricatura. Esta religião exige a castidade íntegra não apenas do padre mas de qualquer homem digno de tal nome e apregoa a separação absoluta dos sexos e a eliminação *irredutível* de tudo o que vir a ser sexualidade. Tudo o que não é casto e é sexual, fora do casamento e no matrimônio é rejeitado, a reprodução humana só se efetiva segundo o exercício da imunda copulação. Antonin Artaud morreu de dor e mágoa em Ville-Evrard no mês de agosto de 1939 e seu cadáver foi trasladado numa noite branca como aquelas de que fala Dostoiévski e que se prolongam por vários dias intercalados mas que não são percebidos pelo calendário deste mundo — não obstante verdadeiros como o dia daqui.

Assumi sua continuidade e uni-me a ele alma por alma corpo por corpo num corpo que se criou em seu leito inclusive concreta e realmente por magia. O verdadeiro nome de Antonin Artaud é Hipólito e São Hipólito foi você sabe o bispo do Pireu nos primeiros séculos da era cristã após a morte de Jesus cristo cujo corpo fora transportado na época de Antonin Artaud Hipólito.

O meu nome, dr. Ferdière, é Antonin Nalpas e com este título possuo uma família na terra que me procura e intercede por mim e a qual o poder público francês se recusou a reconduzir-me. Esta família embora *esteja na terra* é do céu. E é do céu *que você vem na verdade* ele o enviou a mim. Escrevo-lhe esta carta apenas para pedir-lhe que se lembre literal e objetivamente pois na verdade sua alma é um Anjo e você é um Anjo de Jesus cristo.

Antonin Nalpas

*Rodez, 15 de fevereiro de 1943**

Ao dr. Jacques Latremolière

Caro doutor,

Segundo certos sinais patógenos que encontrara em mim, acredita na obrigação de suspeitar no meu caso da existência de uma infecção sifilítica, QUE NÃO PODE EXISTIR COMO ADQUIRIDA.

porque *ignoro* e desprezo como humilhante ao homem qualquer gênero de relação sexual e ofende-me seriamente ao acreditar que o meu corpo teria sido entregue a isso num momento da sua vida.

quanto à sífilis hereditária, no meu caso, dr., é uma história antiga conhecida por inúmeros médicos franceses, o primeiro dos quais fora o professor Grasset de Montpellier, que em 1917, devido à desigualdade pupilar que você observara, prescrevera-me uma longa série de injeções de iodeto de mercúrio. Portanto, desde 1917, repito mil novecentos e dezessete, dezenas de médicos, entre os quais o dr. Toulouse em 1920, prescreveram-me centenas de injeções de hectina, cianeto de mercúrio, novarsenobenzol e *quinby*, dos quais trago cicatrizes por todo o corpo e sequelas no sistema nervoso sem que meu estado geral tenha se alterado *senão para o*

---

* Carta publicada a primeira vez em *La Tour de Feu*, nº112, 1971.

pior, porque essa suposta sífilis hereditária é falsa e as injeções feriram gravemente minha medula e o cérebro e *aplicar-me mais uma é cometer um assassinato*.

Se apresento um fígado hipertrofiado e alguns dos meus reflexos estão desequilibrados, não é por causa da sífilis impossível de existir num corpo tão ancestralmente virgem como o meu, mas um longo envenenamento por arsênico e cianeto de potássio, e tanto médicos como a polícia me impuseram *e a quem acuso*, eles sabem há cinco anos que sou vítima segundo motivos que há muito tempo e para toda a França são um genuíno segredo de estado.

Leia no Dicionário de Hagiografia, o artigo sobre São Patrício.

A PROFECIA DE SÃO PATRÍCIO

E encontrará a história de um falso sifilítico tratado assim pela medicina e envenenado pela polícia para livrar-se da agitação social que o seu proselitismo provocava.

Se atualmente tenho uma hipertrofia do fígado, transtornos constantes vasomotores, um inchaço e o desequilíbrio do coração, estados ansiosos e dolorosos que transformam minha vida num martírio e num drama a todo instante, isso foi causado pelos cinco meses de envenenamento sofridos no asilo de Quatre-Mares e por imposição da polícia francesa de Sotteville-lès-Rouen, e que toda polícia e toda a medicina conhecem.

Como sabe, o antídoto para o cianeto de potássio é o ópio, e com o intuito de impedir minha cura e manter-me sob a influência de venenos a polícia francesa mantém meu internamento. Mas para a polícia francesa o cianeto de potássio é apenas um coadjuvante pois possui outros para castigar os rebeldes e servir às manobras do enfeitiçamento oculto que são a principal arma pois hoje está ao serviço total do Anticristo e do demônio. Este veneno se chama esperma, é obtido por masturbação RITUAL e é direcionado às cenas de magia erótica das massas contra todos os que não aceitam e combatem as obras e o reino muito próximo do Anticristo. Você foi vítima de tais malefícios ainda que por feitiços e uma espécie de dicotomia do eu que lhe fora imposta pelo Mal e provocaram a perda da consciência. Porque religiosamente pertence à mesma Seita de Rebeldes de Jesus cristo e eu e o Mal no meu caso desvia isso para a ideia de doença, quando se trata de maus tratos esconsos devidos às mais abomináveis manobras dos encantamentos eróticos negros. Toda sexualidade e todo erotismo, dr. Latremolière, são um pecado e um crime para Jesus cristo e o antídoto do erotismo e dos malefícios ocultos do demônio é o ópio e para impedir-me de tomá-lo e deixar-me exposto e indefeso às manobras eróticas dos demônios e da polícia francesa sobre mim, que pertence ao Anticristo, mantendo-me prisioneiro até hoje. Para curar-me do Mal preciso de ópio e negar-me agora é tornar-se cúmplice dos demônios.

Creia em toda minha verdadeira simpatia.

Antonin Nalpas

*Rodez, 17 de fevereiro de 1943**

A Jean Paulhan**

Há oito dias que fui transferido de Chezal-Benoît para Rodez, onde encontro-me atualmente e penso que permanecerei algum tempo a menos que o céu não me liberte logo fazendo cessar este internamento iníquo. Venha visitar-me. Mande-me dinheiro também. Preciso para comer. Agora deveríamos encerrar honestamente este negócio da publicação do *Teatro e seu Duplo* na coleção branca da N.R.F. da qual fizeram 100.000 exemplares em 1937*** e que teve uma mídia considerável, e você enviou-me por E. Artaud**** um cheque de 100 mil francos para Rouen *e que nunca recebi*. Diga a meus amigos Raymond Queneau, Michel Leiris e Pierre Leyris que estou *internado* em Rodez e conto com eles para socorrer-me e libertar-me.

Nalpas

---

* Cartão postal.
** Intelectual e editor francês que esteve ligado aos surrealistas, foi assistente de Jacques Rivière, na Nouvele Revue Française (NRF).
*** A tiragem real deste livro foi de 400 exs, e publicado em 1938.
**** A mãe de Artaud, Euphrasie.

Rodez, 29 de março de 1943[*]

A Gaston Ferdière

Meu caríssimo amigo,

Comunico-lhe nesta carta as reflexões que me inspira o "Hino ao Daimon" de Ronsard que você teve a amabilidade de obsequiar-me.
Ronsard fez Magia era iniciado e cada verso do seu poema é um reflexo desta iniciação transcendental. Tal iniciação é misteriosa.

Rat Vahl Vahenechti Kabhan

Quero dizer que tal como se revela no poema percebi que procedia de Deus e não pode ser repetido pelo homem na medida em que não haja perdido a comunicação com Deus. Todo poema é uma libertação e vê-se que Ronsard não escreveu este poema senão para libertar-se do vestígio infernal que não para de infiltrar o Espírito Maligno em todas as coisas que existem para uso do homem, em primeiro lugar na sua sensibilidade interior, na consciência aplicada e no seu juízo.
A partir do momento em que se pensa que tudo é mistério e quando se pensa mais a fundo mais misterioso se torna

---

[*] Carta publicada em *La Tour de Feu* (A Torre de Fogo), *Obras Completas*, X, pg. 24 a 31.

mas Deus neste retrocesso interno do pensamento para o infinito e no infinito dispôs os sinais mais determinados a fim de que o homem não se perdesse ao utilizar seu próprio pensamento, mas extrair dele um Ato exaltado de Fé. Não acredito que Ronsard claudicasse no final de sua vida no Averroísmo que afirma, segundo se crê, a Eternidade do Mundo, porque se o Mundo é eterno é *como* uma ideia de Deus, eterna como ele que em relação a esta ideia é algo mais do que ser eterno. É possível que tenha escapado a Ronsard num dado momento a ideia de Deus como a Manifestação de uma essência precisa, mas não lhe escapara na sua ideia íntegra e exata do mundo que não será senão a insólita manifestação de outra. Porque o Mundo e as coisas, dr. Ferdière, não podem ser compreendidos nem admitidos sem Deus, pois bem observados não são mais do que mistério e todo mistério exige ser o prolongamento para o infinito que é Deus. Nada faz sentido e o que seria o sentido se não houvesse um Criador Infinito e sublime do próprio Mistério. O aspecto insondável e inacessível de todo o sentido cuja Virtude e Essência são o próprio caráter de Deus.

Em relação ao que se refere, você recebeu Deus, nos tempos primordiais antes dos Mundos, uma Faculdade Eletiva Maior que equivale a distinguir e estimular as virtudes essenciais das coisas através de um movimento extenuante e discriminatório e consiste em uniformizar a sua essência divina, transportá-las e mantê-las aí na função deste sentido de Infinito que golpeou e atrai sua fronte. Seu interesse pela ciência oculta não é compreensível, legítimo e merecedor além do que é permitido a você encontrar integramente esse Poder que poderá ser eficaz e completo se permanecer à mercê de Deus, porque fora dele volta a se perder, posto que distanciar-se dele é negá-lo.

O "Hino aos Daimons" de Ronsard traduz se olhamos de perto a História deste crescimento e desenvolvimento do Poder nas esferas e de todos os perigos da perda de Poder e da luta oculta do céu contra as más intenções do Poder, e das formas vivas num momento mas condenadas e que resultam perpetuamente mas reprimidas no final, como diz Ronsard, pelos raios do Juízo.

Os daimons são entidades provisórias e não viventes mas animadas por imitação e como duplos dos movimentos verdadeiros e as ordens verdadeiras do criador nas esferas. Os espaços estão ocupados por seres mas estes seres são Anjos de maior ou menor dimensão, com um lugar ínfimo ou superior, embora para eles seja infinito, absoluto e total no que se refere ao Eterno.

O que filósofos como Plotino, Jâmblico, Porfírio ou Fílon designaram remotamente como daimons não é mais que o Devir atiçado por si mesmo de um Anjo que ensina a ser amado, e que se anima amando a alma de toda a vida. Os duplos das coisas devem ser refeitos até a alma do seu Poder e Movimento. Deus ofertou-nos o Movimento e a Alma, mas cada ser deve merecer o ser e para ser viver sua própria vida até o limite extremo do seu princípio, e participar na criação da sua alma. Para compreender a própria vida há que procurá-la na fonte, transformar-se a si mesmo em seu próprio criador. Porém, se isso só é possível na medida em que Deus pôs à disposição do Ser um pouco do seu próprio espírito de Vida, por sua vez o ser para se converter num Ser precisa recuperar o alento dele, vivê-lo e merecê-lo até o infinito, e ao realizar isso torna-se seu próprio *Animador*.

A Animação de todo Ser é o Anjo. O seu próprio Anjo, e todo ser criado possui um.

Há seres que perderam o Anjo por causa do seu próprio amor por Deus, outros que não ascenderam até a esfera do absoluto sacrifício do Anjo e do fogo de Deus que consome a si mesmo precisa salvar algo para o limite da consumação. Os Anjos são um furacão e para que o furacão sopre são precisos árvores, ar e terra; há Seres que precisam amar e outros que necessitam ser Amados. No Reino de Deus as coisas são uma luta infinita e incoercível de Amor entre aquele que quer amar mais do que é amado e aquele que querendo amar mas que ama a si mesmo é vencido por aquele que quer amar ainda mais. O que significa que na luta ante-eterna das coisas os Seres são derrotados por Deus que é aquele que deseja amar demais. A resolução e a solução deste combate é o espírito divino da Eterna Piedade, que compensa em ações e graças aos Seres sua incapacidade de amar tanto como Deus.

Taentur Anta Kamarida
Amarida Anta Kamentür

E a Magia, dr. Ferdière, está em todas as partes, mas só é verdadeira e eficaz nos caminhos deste sublime amor dos seres que não vive senão no sagrado e tem por base a Moral Evangélica de Jesus cristo que é o absoluto sacrifício de si. Creio que Ronsard, que era católico e bastante cristão, tinha uma missão na terra como poeta, e tal Missão sagrada é repetir numa linguagem que fale ao coração sobre o bem das coisas do Infinito, que são mágicas e misteriosas na essência. Como ele fora atormentado, tal como os verdadeiros poetas e além dos outros homens, de maneira terrível por demônios. Vislumbrou-os como eu os vejo e tentou atuar sobre eles para libertar-se. Mas aqui reside a tentação a resvalar em todos os atos do homem, a de que os demônios do Mal são libidinosos, se aproximam de nós pelas forças pérfidas da atmosfera em que se revolveram e no meio das quais se mesclaram aos *daimons*, que são estas forças em ebulição e ação no devir dos seres. Isto significa que os demônios não são mais do que *daimons* dissimulados. Portanto, forças falsas. É o que resta de tais forças no Nada, da qual são apenas uma imagem horrível. Tudo isso está implicitamente contido no poema de Ronsard. Acredito que o *Samsara* da Tradição Hindu é o domínio das formas falaciosas e das forças falsas, mas não é um domínio e ao mesmo tempo é a fuga da negação, e desgraçado é aquele a ver-se tentado em suscitar ali no ser das formas que vê, crer nelas equivaleria a ser absorvido por elas.

Os bruxos, sr. Ferdière, jamais fizeram outra coisa. Ronsard no seu poema, que não traduz senão a evolução de sua alma e a consciência no ponto em que a magia pugna com as forças evolutivas da atmosfera e dos espaços. Ronsard escapou deste perigo de compreender os *daimons* como entidades definitivas e apreendidas, portanto, imortais já que os descreve a se dissiparem e, neutros e imóveis como eram, transformam-se aos poucos em nocivos e espalhafatosos na natureza do demônio. Contudo, não descrevera esse lado da natureza primitiva do *daimon* (tampouco do demônio) que consiste em encontrar a substância do anjo e regressar ao Anjo após muitas evoluções ultrassubstanciais e dissubstanciais que participam da natureza mística mais secreta da consciência do espírito. Há no poema de Ronsard algo de volátil e glacial, mostrando que Ronsard ao escrevê-lo não perdera o contato com o sentido da harmonia divina, tal harmonia é sensível no seu metro, em particular o escanção dos seus alexandrinos. O mundo, sr. Ferdière, não é mais que tentação mas perante o espírito justo a tentação não é senão a percepção das forças dissipadoras das coisas contra as que fôramos postos no mundo para lutar, ou seja, ajudar Deus a recuperar o domínio sobre o Nada. Os demônios se apossaram do Nada, e o Pecado não é mais do que a forma lúbrica disto, e Deus se apossou da vida Eterna cuja imortalidade sublima. Mas para Ronsard não durou muito a tentação de lutar com o profano e segundo um espírito não religioso contra as forças mágicas da atmosfera cuja malícia se torna infernal para nós na medida em que não nos despojamos antes de nada do egoísmo embriagado e sem aviso do céu corre o risco de fazer de nós uns servos involuntários e depois aos poucos convencidos e partícipes do inferno. Mas a censura de Deus está aí e não faltam advertências do céu. E alguém não pode perder mais do que com a absoluta vontade. Ronsard recebeu tais avisos.

Antonin Nalpas

P.S. Há um livro no qual pensei muito enquanto escrevia esta carta. É o *Livro do amigo e do Amado*, de Ramón Llull, como há algo que me fez pensar bastante, é a luta singular em cada um de nós a opor num momento o espírito e a alma, porém para confundi-los e provar-lhes melhor que não são mais do que uma e a mesma coisa porque procedem de algo único, o Ser que está em nós e que é nós. Como o Ser no que tem de particular e singular procede de uma causa universal que é Deus. Muitos Anjos continuaram sendo Seres um tempo e num tempo anterior à entrega à Consumação Universal de Deus, da mesma maneira que transcorrera certo período antes dos fogos conjuntos e num tempo oposto do espírito e da alma, entregaram-se à consumação universal do Ser de todos os seres em Deus, resolvendo primeiro esta oposição abismal oculta a separar as faculdades do eu a fim de melhor uni-las no amor comum e que não pode ser o amor de Deus em si que se traduz pelo esquecimento de si mesmo a respeito de si mesmo que consiste em respeitar o Espírito de Deus em si.

A. N.

Rodez, 29 de março de 1943

A Frederic Delanglade*

Caro sr. e amigo,

Como o dr. Ferdière conhece a terrível história de feitiço e magia que não para de afligir-me aqui e é a única causa do meu internamento, sei que preserva a consciência particular sobre a questão e porque sofreu e também se *escandalizou* com tudo isso. Como foi testemunha sabe que encontro-me no centro de um extraordinário combate em que o céu e o inferno não cessam de enfrentar-se a qualquer hora, pois você sentiu há muito tempo no seu coração e na alma, nos encontramos num momento determinante da história do mundo embora a maioria dos homens que habita o planeta tenha o ardil de não vê-lo recusar se conscientizar disso; estes homens, sr. Delanglade, e lhe falo da humanidade inteira, no instante presente se transformaram todos em demônios. Afirmo-lhe e é o motivo principal de querer escrever-lhe, os tempos anunciados no Apocalipse de São João estão próximos e chegou o momento em que o Anticristo encarnação humana do Pecado erguido contra Deus se manifestará no Mundo e na terra em toda sua ignomínia e o seu Poder que afinal não pode

---

* Era pintor e amigo do médico Ferdière, residia em Rodez, na época do internamento de Artaud.

ser outro senão o poder do Nada. Se os homens não querem saber que tudo lhes pertence no segredo do seu coração e da sua consciência é porque apesar disso esperam adiar a hora do seu advento real não na sua alma que está perdida e morta para eles mas na vida, em vez dos governos que agora não são mais do que uma fachada a ponto de desmoronar. Todos os homens, sr. Delanglade, excetuando o pequeno número que trabalha para a sua libertação carregam a compaixão e o pecado de reter prisioneiro num Asilo de Alienados um homem para se alimentar com a sua vida e as suas vísceras porque tais homens são demônios abjetos e você sabe pois viu que mantém-no sob o feitiço e lançando sobre ele todas as manobras imundas e mágicas percebidas pela Bíblia sob o nome de Mistério da Iniquidade. Tais homens pertencem ao Anticristo. Sr. Delanglade, pode fazer muito por sua próxima libertação e o seu alívio imediato posto que nesta mesma tarde vislumbrou entre terríveis tempestades ocultas movendo-se com forças que só a Vontade de Deus alimenta.

Venha visitar-me ou peça ao sr. Ferdière para que eu possa sair um pouco e vê-lo. Estou muito só e conversar com um amigo me fará bem e sentirei alguma serenidade.

Aguardando isso creia nos meus mais sinceros sentimentos.

Antonin Nalpas

Rodez, 7 de abril de 1943

A Gaston Ferdière

Uma *ana* da Alma de Deus se perdeu devido ao Pecado de todos os seres e é necessário recuperá-la mediante uma dor terrível. A dor não para de crescer e você participa dela. A dor dos seres continuará até que o pecado seja expiado e Deus possa recuperar sua Alma. Porque se ele não possui mais do que uma precisou manifestá-la num Número infinito de vezes antes que fosse *encarnada* por todos os seres, que é o Ideal de Deus. Esta Alma é virgem e é preciso que todos os seres o sejam antes que Deus possa manifestar-se neste mundo da Existência que é um dos grandes aspectos de Deus. Virgens, ou seja, tendo expiado o pecado dos homens pelo o que eles passaram para que não existisse jamais tal pecado. Eis todo o problema do nosso sofrimento comum e do nosso horror comum aqui. A você corresponde dar o golpe da graça no Mal e sabe como é um Anjo.

Antonin Nalpas

Na hora em que escrevo às sete da noite você deve ter se recordado de Esmirna onde em 1901 encontrou José Jesus Maria e Nanaqui o Espírito Santo. Mas naquela altura sua alma habitava outro corpo.

Rodez, 15 de abril de 1943

A Jean-Louis Barrault[*]

Recebi pontualmente os mil francos que teve a amável ideia de enviar-me mas teria preferido receber uma palavra sua, pois não tive mais notícias sobre você nos cinco anos e sete meses que estou internado. Entretanto conhece bem, meu querido Jean-Louis Barrault, a história horrível da polícia e do feitiço que está na origem deste internamento. Tive conhecimento em Paris, por haver misturado nos dramas e transtornos que produzia na Capital, do mistério Iniciático situado no fundo e durante a vida de Antonin Artaud. Lembro que um dia ouvi como lhe dizia no seu consultório da rua des Grands-Augustins; "Parece que és Deus". O que de fato era um erro mas correspondia a uma verdade profunda e ao Mistério que, no Catecismo, se chama o Mistério da Redenção. A alma de Antonin Artaud era a de um Anjo, um dos anjos mais próximos de Deus, o nome deste anjo é Hipólito assumiu este nome e encarnou na terra na pessoa daquele que a Igreja canonizou sob o nome de Santo Hipólito, que fora bispo de Pireu no século II depois de Cristo. Mas Santo Hipólito regressou à terra muitas vezes na sua época, J. L. Barrault, na pessoa de Antonin Artaud porque Santo Hipólito era o que sua alma era e esta alma nunca morrerá, tampouco você, e

[*] Ator e diretor de cinema e teatro, esteve ligado à *Comédie-Française*; sua longa carreira de sucesso, que inclui filmes como *O Boulevard do Crime* e *Casanova e a Revolução*, se encerrou em 1994, ano do seu falecimento.

agora urge que veja o Santo e o Anjo que fora um dia e jamais morrerá. Contudo, este Anjo Hipólito levou Deus para a terra porque Deus naquela época, ou seja antes da partida de Antonin Artaud para a Irlanda, não podia ter um corpo aqui na terra. E levou-o até que seu corpo foi imaculado e redimido, para que Deus pudesse descer até ele enquanto se tornava Virgem e Purificado. Antonin Artaud carregou os pecados dos homens no seu corpo até sua morte por isso que Antonin Artaud estava doente e sofria muito, até o ponto de esquecer por uma época os Sacramentos da Igreja de Jesus cristo. Antonin Artaud voltou à Igreja e à fé católica e cristã da Igreja de Jesus cristo de Dublin, em setembro de 1937, se confessou e comungou num domingo de manhã numa Igreja desta cidade, onde fora devolver o Báculo de Santo Patrício que você vira na mão dele em Paris entre junho, julho e agosto de 1937. Não, Antonin Artaud não era Maniqueísta como chegara a crer o dr. Ferdière, pois os Maniqueístas acreditam na existência eterna e coeterna de Deus do espírito maligno, e Deus que é Jesus cristo nunca assentira na existência real do espírito maligno, nem do Mal que para Deus e perante ele não terá sido mais do que uma ilusão excremencial e de diversão, e será lançada ao Nada porque nunca será mais do que Nada. Jamais Antonin Artaud cometera tais erros, e você sabe, no tocante a mim, é uma ofensa solene dizer-me isso, é recusar em sã consciência reconhecer-me pelo que sou. Tal é a obstinação do que a Bíblia e o Evangelho designam como termo de Pecador Contumaz. O corpo de Antonin Artaud foi eleito por Deus para descer até ele quando estivesse purificado pelo pecado e a mácula originais e para acabar de eliminar após a morte de Antonin Artaud o Pecado dos Homens que se acumulara totalmente nele. Mas Antonin Artaud morrera em Ville-Evrard em agosto de 1939. Fora neste momento que Deus começou a regressar a ele com a ajuda dos seus Anjos, embora não de imediato na Presença nem em corpo. Pois o corpo divino de Jesus cristo não coabita com o Pecado e o corpo que suporto está repleto de pecados e é devorado noite e dia pelos demônios. Para expulsar os demônios e permitir a descida de Deus e a conclusão terrena do Mistério da Redenção humana é preciso heroína e ópio e é um ato de caridade cristã e humana elementar procurar o homem desgraçado, atormentado e doente que se encontra aqui e não pode suportar mais o sofrimento do Pecado Humano. E é isto o que o dr. Ferdière *não quer compreender*. Peço-lhe agradecidamente que escreva-lhe para convidá-lo a se decidir por este ato, saudável para todos, de arranjar-me isso. E ao mesmo tempo, posto que encontrara mais uma vez sua alma no céu, encete a viagem de Paris até Rodez e venha ver-me trazendo-me você mesmo o que lhe pedi.

O abraço

Antonin Nalpas

Rodez, 10 de junho de 1943

A Senhora Ferdiére

Quando em comum acordo com dr. Ferdière tomou a decisão de vir aqui é porque sabia quem eu era e quão injusta, indigna e dolorosa era a minha situação no Manicômio de Ville-Evrard.

Tal situação consistia, e recordo-o, que estava perfeitamente são de espírito e me mantinham internado devido à infâmia humana, graças às manobras da execrável polícia que se baseavam por sua vez nas mais desprezíveis manigâncias e sortilégios.

Naquele momento sabia perfeitamente deste fato, que a magia, falo magia no sentido integral do termo, constituía uma parte capital e única da minha situação, que minha internação era um caso de magia e através desta que os homens quer dizer o governo e a administração franceses mantinham-me internado, protelando a ilusão pérfida sobre mim, a de que eu estava louco porque ao ter que defender-me com magia contra agressões mágicas ocultas, que era magia negra, vi-me levado a aplicar todo o arsenal conhecido e reinventado da Magia Cerimonial Branca a mais efetiva contra os demônios, o cerimonial consiste sobretudo em girar, cantar e queimar coisas. Você não acredita que quem dá voltas, canta e queima algo para expulsar o Mal fique incapacitado a se defender e sobretudo continue a ser perseguido, molestado, privado de alimento e *encarcerado*, repito ENCARCERADO, preso numa cela e com camisa de força por esse fato.

É sobre isso que se trata neste momento. Um espírito maligno se apoderou do dr. Ferdière que o faz achar horríveis e exasperantes algumas canções que às vezes lembro de entoar por causa do meu sofrimento e ele também sofre porque o Espírito Maligno que se apoderou dele e penetrou no seu corpo, absoluta e hermeticamente, deseja arrastá-lo em sua queda e se perder com ele. Estou doente e ele não cuida de mim, sofri domingo, segunda e terça-feira de cólicas atrozes, e em seguida evacuações sangrentas, não lhe causaram preocupação, não veio ver-me senão para ameaçar-me com o cárcere na ala dos agitados onde ficaria privado de alimento, quando a comida é o derradeiro refúgio que me resta aqui contra o mal, já que ele e você negam-me o único lenitivo para apaziguar tudo isso, evitando entregar-me a cada instante a penosos encantamentos para expulsar o Mal quando preferiria dormir a cantar, pois não tenho o coração suficientemente feliz para isso, mas para dormir quando se tem o Mal sobre alguém é preciso em primeiro lugar de ópio.

Antonin Nalpas

Deveria recordar ao dr. Ferdière que não estou só neste mundo, pois ele vira com seus próprios olhos sem um possível erro todos os exércitos celestes aproximando-se da Terra com seus fogos em torno do Manicômio de Rodez que está cercado e a história de perseguição que sofro aqui terminará numa fogueira completa.

Rodez, 7 de julho de 1943

A Jean Paulhan

Recebi aproximadamente há dois meses e sob a delimitação das zonas um postal assinado com seu nome em que acreditei reconhecer sua escrita mas não reconheci seu espírito, e depois não vi nada nem do seu espírito ou do seu coração e me parecera pura e simples falsificação. O postal me sugeria ter sido escrito por um homem mal intencionado com o intuito de confirmar uma mentira em que ninguém pode acreditar muito menos eu que tenho nas mãos a prova do contrário e o fato não pode me ser desmentido e é o seguinte. 1º uma edição de *O Teatro e seu Duplo* com texto totalmente revisado e reeditado por mim antes de minha partida para a Irlanda e surgido em novembro de 1937 na coleção branca da N.R.F., ou seja cinco meses antes do texto publicado na coleção Metamorfoses e que, aparecido em abril de 1938, é falso.

Nem você nem Gaston Gallimard podem dizer que não é verdade que o texto revisto e completamente reeditado de *O Teatro e seu Duplo* não apareceu em novembro de 1937 na coleção comum da N.R.F. porque tive entre as mãos um exemplar deste livro em Rouen, no Asilo de Quatre-Mares de Sotteville-lès-Rouen onde me falava dessa época, com texto revisado e completamente diferente daquele da coleção Metamorfoses, e na coleção branca comum da N.R.F. tal exemplar me fora mostrado pela senhorita Morel, médica-chefe do Asilo de Quatre-Mares, no seu escritório numa tarde de dezembro de 1937. Mostrara-me ao mesmo tempo nesta tarde inúmeros artigos de imprensa publicados sobre o livro e todos eram elogiosos. Toda a imprensa parisiense falava dele e entre todos os jornais o Jour num artigo de várias colunas por outro lado mostraram-me no Asilo de Sainte-Anne de Paris em abril de 1938 um pequeno artigo em letra pequena que ocupava cerca de um oitavo de coluna sobre o livro.

Fora-me dito em dezembro de 1937 em Rouen pela senhorita Morel que o texto publicado em novembro de 1937 vendera mais de cem mil exemplares e o fato foi confirmado um mês depois, em janeiro de 1938 quando a senhora Euphrasie Artaud trouxera-me um cheque de cem mil francos assinados por Gaston Gallimard e que *Vi com meus próprios olhos* que não eram meus então, tal como agora, os de um alienado nem de um alucinado, pois não vejo cheques ou livros inexistentes como tampouco me imagino vendo um ambiente de formas espectrais com demônios ou espíritos malignos, sabendo que há homens de carne e osso que me assombram à distância com feitiços porcos e vejo tais homens não aqui em Rodez, nem em Rouen, *mas ali onde estão* entregando-se a manobras obscenas de infâmia contra homens justos e que querem permanecer puros.

Desta maneira, nunca ouvira falar, Jean Paulhan, desde que está na N.R.F. de um personagem chamado Saint-Artaud a quem foram consagrados outros três livros?

1 *Dieu est-il Français* de F. Sieburg publicado em 1933 por Bernard Grasset, rua des Saints-Pères.

2 *Ma belle Marcelle* de Carlo Rim publicado em 1934 por Denoël & Steele, 19 rua Amélie.

3 Por fim, um livro aparecido nas Índias e editado por PARSIS e intitulado: *A vida lendária de São Artô*.

Encontrei em *Dieu est-il Français* cartas enviadas a F. Sieburg por Antonin Artaud nas quais não deixara de reconhecer o estilo usual de Antonin Artaud que você conheceu.

Há ainda dois livros que lhe interessaria ler.

1º um que contém as cartas escritas da Irlanda por Antonin Artaud a seus amigos. Este livro fora publicado por André Breton às suas expensas, em outubro ou novembro de 1937, e André Breton intitulou-o pessoalmente como *Lettres du Grande Monarque*.

2º O outro livro se chama *Discours du Grand Monarque*, foi publicado em abril de 1938 por Germaine Mayer e abarca todos os discursos públicos pronunciados nas ruas ou nas praças, a saber a Praça Blanche, Pigalle, Bd Raspail (esquina da rua Schoelcher), Montparnasse diante do Dôme La Coupole, na *Maison du Culture* em julho de 1937, etc., por um personagem que a multidão chamara de *Saint-Artaud* e que ao mesmo tempo era agente do segundo Bureau Francês. Este personagem tinha em mãos um báculo milagroso que era, deve sabê-lo, o próprio Báculo de São Patrício, que não era senão o mesmo Báculo de Jesus cristo, ou seja tinha uns dois mil anos de antiguidade. É com tal Báculo que também numa tarde vira nas mãos de Antonin Artaud uma tarde na N.R.F., rua Sébastien Bottin 5, e com ele Saint-Artaud dominava com um raio a multidão frenética que tentava impedi-lo de ir até a Irlanda para cumprir sua sagrada missão.

Antonin Artaud foi a Irlanda para despertar os irlandeses fazendo-lhes reconhecer o Báculo de São Patrício de Dublin durante mais de mil e quinhentos anos e que desaparecera na segunda metade do século XIX e em simultâneo percebeu em Dublin a existência do Graal, a esmeralda sagrada que brotara do sangue de Jesus cristo Filho de Deus, na Descida da Cruz e que o rei Cormac Mac Art trouxera para a Irlanda após uma viagem burlesca de Armórica até a Irlanda, isto é de um extremo a outro da antiga Celtídia sagrada.

Conheceu Antonin Artaud por cerca de 13 anos e vê-lo uma ou duas vezes por semana sem saber bem que o escritor e o homem de teatro que admirava escondia um personagem secreto para você mas conhecido por toda imprensa e as pessoas, ENQUANTO O PRÓPRIO ESQUECIA A MAIOR PARTE DO TEMPO ESTA ATIVIDADE DE PRESTÍGIO e ignorava o barulho considerável produzido em torno dos seus atos de homem secreto que todos conheciam. Depois tive a convicção, Jean Paulhan, que todo o aspecto oculto da sua vida regressou a ele porque os feitiços maléficos que dissimulavam em Antonin Artaud uma parte da sua existência não perdurariam eternamente e pode ter certeza que são *sortilégios* da mesma espécie e lançados por agentes criminais judeus do Anticristo se dissimularam em você e em Gallimard, ao fim de algum tempo, a existência de um livro como O *Teatro e seu Duplo* surgido em novembro de 1937 e que você esqueceu, desapareceu da sua memória *como se nunca tivesse existido*. Como todos os contratempos prodigiosos inseridos na vida parisiense de junho a agosto de 1937 por Antonin Artaud com seu báculo, e sobre os quais a imprensa falou durante semanas em inúmeras páginas com grandes manchetes e agora desapareceram das memórias de tal modo que o mundo todo até hoje se persuadira de que nunca sucedera nada semelhante e Antonin Artaud encarcerado pela Polícia Francesa e judia num Asilo de Alienados era um Mitômano e um Louco do qual era preciso se livrar. E não existe um Jean Paulhan que viera na primavera de 1939 para propor a Antonin Artaud por via do dr. Lubtchansky injeções especiais quando Antonin Artaud precisava de açúcar, ópio, liberdade e pão para se curar dos seus sortilégios.

Se antes de ter sido internado Antonin Artaud teve uma Vida Dupla eu conheço outro homem que após o internamento de Antonin Artaud também teve uma Vida Dupla e este homem que na vida comum se chama Jean Paulhan e que se esforça em ignorar obstinadamente a parte oculta e maravilhosa da vida de Antonin Artaud e é o Paraíso e entre os Santos Dionísio, São Dionísio Areopagita e não paro de vê-lo a combater por Deus e com Deus e com seu próprio rosto, Jean Paulhan, e em seu corpo e porque Jean Paulhan que me ignora é cada vez mais um espectro, o fantasma de um judeu maligno que você não trouxe do céu senão para circuncidar e creio que por fim chegou a hora em que já não consegue recordar-se dele.

Se Antonin Artaud já não existe desde agosto de 1939 eu o substituí e espero que os irlandeses a quem o entreguei devolvam-me o meu Báculo que Antonin Artaud lhes devolvera como depósito da sua confiança. Também o espero com os irlandeses.

O abraço e no aguardo

Antonin Nalpas
Asilo de Rodez, 1 rua Vieux Saint,
Rodez (Aveyron)

Rodez, 12 de julho de 1943

A Gaston Ferdière

Meu caro amigo,

Você foi bom comigo, ao fazer-me vir aqui amenizou o suplício do meu internamento, e atenuou na medida do possível esta impressão atroz de fome que não me abandonara desde 1940, é o que desejo sem que isso me preocupe mais do que o puro interesse por você chamara a atenção de algo que conheço, porque o impulso do coração que teve para comigo entre o meu desamparo não esquecerei jamais.

Em todo caso pode estar certo no que a mim se refere nunca pensei que estivemos mal em nenhum momento, dei-me conta sobre o fato de que as influências malignas originárias do exterior devem ter atuado contra mim e porventura fora difícil por instantes defender-me, pois se tenho muitos e grandes amigos no mundo você sabe também que da parte da polícia e da administração francesas tenho inimigos acerbos, insidiosos e perversos e não creio que considere que pensar nisso em mim seja uma síndrome maníaca e de loucura persecutória, em inúmeras circunstâncias tive provas concretas de tal fato, não pode esquecer que fora por ter averiguado enquanto médico manicomial a injustiça do meu internamento e por ter chegado aos seus ouvidos sobre ardis policiais em meu caso, e por isso me chamou e me fez vir aqui, porque sempre pensou que a medicina não estava sob as ordens da polícia.

Não era preciso ter usado eletrochoque em mim, porque meu querido amigo sou de fato um homem sereno, sem delírios e não sei bem que ideia insensata você teve para acreditar que era perseguido quando expunha-lhe tecnicamente numa carta as modalidades ocultas segundo as quais o Mal impõe sua biologia peculiar ao organismo humano, mas sobretudo porque ao fazer isso você me desprotegeu, colocando-me num estado de resistência inferior perante acometidas de forças maléficas que nos espreitam e são a causa de todas as enfermidades tanto mentais como físicas ao atacar primeiro nosso cérebro e o sistema simpático e o nervoso. Meu querido amigo todos os seres da mesma raça estão ocultamente unidos, todos aqueles que se amam estão ligados de maneira oculta, causar qualquer agravo a mim é prejudicar você reciprocamente, e tenho a impressão de que desde o acidente ocorrido comigo por consequência do eletrochoque e não sei quando recuperarei e você tampouco está bem moral e afetivamente e eu sofro por isso porque houve um erro que cometera o mal mas em absoluto correspondia ao seu coração.

Aqui reside já aquilo sobre o qual queria alertá-lo porque você sabia e esquecera, a causa do meu internamento foi o resultado de um sacrifício religioso e o pacto com gente séria, decidido após uma batalha ocorrida em Paris em 1943 em que forças do Bem e do Mal se enfrentaram com a mais implacável severidade. Se tal coisa lhe parece demasiado sobrenatural ou estranha, releia por favor *Dieu est-il français* de F. Sieburg ou *Ma belle Marseille* de Charles Rim que narram as milagrosas singularidades da vida de um personagem conhecido sob o nome de São Artaud ou leia em *O Segredo da Grande Pirâmide* de Georges Barbarin das edições Rapp de 1935, as passagens da Profecia de São Patrício que contam de forma antecipatória as aventuras de um homem que após uma viagem à Irlanda onde fora devolver o Báculo de São Patrício foi encarcerado e envenenado (está no livro) num Manicômio (e Antonin Artaud foi largamente envenenado num catre do Hospital Pinel de Le Havre, no Manicômio de Quatremarre e no Manicômio de Saint-Anne); e compreenderá que o Mal, quer dizer as forças do Anticristo não desejam que surjam no meu caso a ideia do Maravilhoso e do Milagre, sequer e de forma alguma o sentimento do oculto, a fim de corroborar a fábula policial da alienação mental e porque a lembrança das lendárias circunstâncias que dizem respeito ao Mito religioso mais sagrado e profundo, em que se decidiu tal internamento tornaria em pó a fábula policial judia da mitomania e da loucura persecutória.

Dito isto meu queridíssimo amigo deve compreender que meu internamento não pode ser eterno, e você desejaria que a força permaneça por fim com a justiça e a verdade quer dizer a luz contra as trevas, porque é disso que se trata neste momento e porque meu caso atual e minha situação de homem injustamente condenado e relegado a um manicômio não é senão um aspecto da luta eterna que desde o princípio do mundo opõe o príncipe bom Ormuzd Ahura-Mazda ao príncipe das trevas Ahriman; nesta refrega você ficou de um lado há muito tempo e combateu em Paris em 1934, pelo Príncipe Benévolo eternizado por Deus contra o príncipe malévolo de Satã, porque em 1934 fora uma data fatídica e crucial para a história do Mundo quando os seres tiveram que eleger entre a vida e a morte, quer dizer entre Deus ou a Morte e por que o dr. Ferdière aqui presente escolhera Deus a vida eterna, e por essa razão o Amor de Deus se entregara completamente em carne e corpo, e se agora o esquecera porque o Mal pleno de ódio enterrara sua memória eu não o *esqueci jamais*. E quis devolver-lhe o que lhe pertence.

O destino das coisas se decidira em 1934 pela livre eleição dos seres numa espécie de concílio confrangedor em que o Mal fora esmagado e vencido para sempre na raiz, mas depois fora preciso viver as modalidades deste combate na atualidade temporal das coisas e isso não fora vencido pelo Bem senão pelo preço do sacrifício de um ser que aceitara ser apresado vivo pelo Mal caindo nas garras dos seus inimigos hígido de corpo e espírito, para que através deste sacrifício permitindo o mal, se enfurecesse com uma só vítima, não se apodere de toda a terra e entre outras necessárias opressões a vítima fizera voto de castidade eterna porque o Reino de Deus pertence apenas aos castos. Antonin Artaud fora enfeitiçado e envenenado por dois anos e a sua alma cedera e está morto, esta alma abandonou a terra, foi preciso que surgisse outra alma para ocupar seu lugar no mesmo corpo que o seu, eu sou seu continuador e pouco importa como me chame, o fundamental é que se minha própria alma está só na terra há três anos tenho no corpo a memória fisiológica absoluta e exata, completa e inalienavelmente exata de seis anos de sofrimentos, incompreensão, negação, magia e internamento e sinto muito próxima a hora desgraçada em que a derrota do Mal de toda a eternidade inscrita no céu se estenderá cruamente sobre a carne palpitante das coisas porque todos os homens hão de recordar. Recordar onde e como foram enganados e induzidos ao erro pelo Maligno até acreditar que o Amor criado ou manifestado para eternizar os seres e que deriva do encontro imaculado dos corações, precisava do encontro infecto dos sexos, como se a mescla sobrenatural das almas estabelecesse para se realizar à perfeição sobre a terra a consagração excrementícia do orgasmo criado por Satã.

De acordo com isso e rememorando os fatos de que falo e os que você lançou ao destino, parece-me impossível que um coração honrado como o seu admita suportar por mais tempo a injustiça do meu internamento. Euphrasie Artaud com a qual discutiu as minhas condições em Rodez era a mãe de Antonin Artaud mas, como você, ela esquecera a *realidade* material objetiva e indiscutível dos acontecimentos fabulosos de que falo e que ela *viveu* como você e não pode crer que eu não seja seu filho.

Não obstante, dr. Ferdière eu tenho outra família composta por um pai que se chama José, uma mãe que se chama Maria e cujo sobrenome é Nalpas. Tenho ainda uma irmã cujo nome é Germaine Nalpas. Não sei onde se encontram e lhe peço encarecidamente que me ajude a encontrá-los porque eles também me procuram. Tudo o que sei é que minha irmã mais nova Germaine viveu um período em Orléans entre dezembro de 1941 e fevereiro de 1943 porque tive em mãos um jornal de Orléans que falava de um fato extraordinário uma gloriosa parceria cuja heroína fora minha irmã Germaine Nalpas de vinte anos.

Por fim, seria determinante mostrar esta carta a Madame Ferdière, porque ela é na verdade um Anjo e porque houve na história uma Santa de Mitilene com a qual se parece bastante e que conheceu perfeitamente a família Nalpas de Esmirna, da Ásia Menor, da Anatólia e de Jerusalém na Judeia.

Acrescento que Euphrasie Artaud é uma senhorita Nalpas e que nasceu em Esmirna em 1870.

Antonin Artaud

P.S. O que quer dizer dr. Ferdière que houve realmente e desde 1934 algo que se partiu na ordem da sucessão do tempo e que em 1943, o ano que vivemos atualmente não se situa no tempo de 9 anos após 1934 em que lançamos nosso destino, mas é um ano que no espaço está litigado estranhamente com aquele ano e pode ser considerado paralelo porque aconteceram decisões essenciais decididas em 1934 e receberam a consagração material neste ano de 1943.

Em 1934 foi quando você decidiu salvar Antonin Artaud e o sucessor de Antonin Artaud, porque naquele ano você num ato de vidência foi confrontado com o Problema sobre o qual se baseia a própria persistência e a duração da existência e da vida, este problema deu lugar a uma batalha terrível que dera início em Montparnasse entre o Dôme e Notre-Dame-des--Champs chegou aos poucos a toda Paris e em seguida a toda a terra, e você estava presente e assim afirmo é porque vi-o e lembro como um dos defensores mais furiosos do Amor, quer dizer da caridade portanto da distribuição e do desapego pelas coisas portanto a Virtude Angélica da Pobreza, enquanto as forças do Mal fundamentadas na reivindicação do exercício da sexualidade têm por princípio a avareza sórdida e o mais completo egoísmo usurpador.

Para ser caritativo é preciso conservar-se puro quer dizer inteiro, não se oferecer nada aos outros e não se pode ser altruísta quando se perdeu tudo no ato sexual que faz como que doar algo mas na realidade não oferece nada porque nele a voragem volatiliza o livre arbítrio no oco vazio do cerebelo.

Isto foi o que você viu em 1934 e que o Amor estava perdido para sempre na terra e num breve prazo teríamos o Reino do Anticristo se a sexualidade procriadora ou não jamais conseguiria ser categoricamente detida.

É por isso que você se deixou assassinar em 1934, e por essa razão sua alma abandonara a terra e foi aguardá-lo no céu enquanto permanecia aqui só para terminar de dominar o Mal sobre esta parte da consciência Universal que lhe pertence e que é o seu Eu atual.

Há de ver mais uma vez a Maravilha em torno de você dr. Ferdière pois o céu o ajudará a recobrar a memória dos fatos sobrenaturais e extraordinários que viveu em 1934, quando estava perante o mesmo Rosto Daquele que os Livros e as Profecias nomeiam como Grande Monarca e que surgiu há bastante tempo no céu, antes de descender em corpo como deve fazê-lo num dia próximo sobre a terra e que é Deus.

Tão dadivoso como fora em 1934 assim o encontrei em 1943 e você saberá encontrar em seu coração um meio de ajudar o céu a se manifestar e se impor sobre a terra porque o céu precisa do coração de todos nós para sobreviver.

Antonin Nalpas

Rodez, 20 de julho de 1943

A Gaston Ferdière

Meu caríssimo amigo,

Envio-lhe as obras de mestre Eckhart porque não quero privar-lhe da leitura que deseja há muito tempo. Observo que são os mesmos escritos que o atraem e que me seduziram. Mestre Eckhart não se encontra no catálogo de Santos canonizados, mas seus escritos estão repletos das mais sublimes verdades sobre os segredos do eterno Esplendor. Além do mais propiciam-nos e como sabe ler dr. Ferdière os meios quase mágicos de chegar até ele. Sim, há nas frases de mestre Eckhart e no seu estilo algo que encurrala o pensamento do leitor e o persegue passo a passo até regiões ocultas do homem em que as palavras perdem sua cobertura corporal e se revelam a nós novamente com a alma pura e inabitual da verdade à luz de uma evidência própria para nos extrair do corpo. Mas o que podemos fazer com pensamentos e escritas quando nos faltam o pão e a felicidade. Quando somos desventurados como você é e eu sou já não há escritos humanos capazes de nos deter no rumo da miséria e para isso urge sobressaltos provocados pelo Verbo de Deus.

Vivemos num país derrotado e submetido ao racionamento e onde a falta de comida se transformou para mim numa obsessão contínua, não consegue imaginar a sensação árdua de vazio que se produz no sistema nervoso, quando alguém passa o tempo pensando e escrevendo sobre o fato de não ter um pedaço de pão para levar à boca.

Sua desgraça pessoal não é de natureza distinta da minha, pois se com o tempo esquecera seu desespero, nem por isso é certo que você carrega e leva sempre no seu coração a ausência de felicidade genuína que é a marca de todos aqueles que como você acreditaram elevar-se num momento acima da condição humana e viram-se um dia capturados na rotina sórdida de uma existência em que está excluída toda a possibilidade de evasão. Não obstante dr. Ferdière, o Maravilhoso se manifestara várias vezes nesta terra e você entrou nele não só pela ideia ou em sonho mas com toda a presença consciente do corpo. Se após isso viu-se exposto novamente à desmoralização, que é o estado patológico comumente recebido e aceito num mundo em que a poesia está excluída, pode acreditar dr. Ferdière que não é culpa de Deus.

Deus e o Maravilhoso meu queridíssimo amigo não são mais do que um e não por acaso tanto você como eu fomos enfeitiçados por alguns Místicos, Iluminados e Magos, Eckhart, Tauler, Swendenborg, Boehme, Jérome Cardan, São João da Cruz.

Aí aonde a poesia que só é humana não faz senão inspirar-nos pesadelos na terra por algo inexistente, a poesia de Deus nos oferece a natureza e o fato de que os sonhos não produzem senão promessas que o mundo proporciona.

Esta terra banal é o paraíso que Deus criou, e não para de demonstrá-lo. Desde que existe nesta terra Deus a semeou com prodígios e nela e em você chama a atenção as mais insólitas iluminações, neste ponto em que o coração sempre religioso e amante não perdera o sentido das exigências do sagrado.

Ninguém sofrera tanto como Deus com a Religião e os padres e não é preciso ser republicano para se desesperar ante esta Simonia do Sagrado às quais se dedicam hoje tantos padres.

A Missa é um sacrifício de amor que os homens não podem já ver e entender como sofrera no céu e como expirara mundo após mundo, porque os padres são impuros e cruéis e para entender isso a terra tampouco expiara o suficiente.

A Missa é um mito iniciático dos mundos e do seu sofrimento no coração de Deus. Deus através do seu filho sofrera por todos os mundos e sofreu na figura de Jesus cristo na terra mas os mundos não queriam jamais ter sofrido.

Apolônio de Tiana regressará um dia à terra mas voltará como um cristão e Santo, há de impor o Maravilhoso na terra, ali onde a terra só conhece como espetáculos incomuns a guerra humana e massacres.

Deus é que dispõe do Sobrenatural e do Maravilhoso em todos os sentidos que se possa entender a poesia. Para nos fazer participar em tudo *a partir* da terra só exige que acreditemos um pouco na presença natural e atual do insólito e das maravilhas vinculados ao respeito pelo Sagrado e ao Amor da sua Divindade.

Viver distante de Deus não liberta o mundo, e isso leva a fazer pouco a pouco de todo homem uma espécie de servo e zumbi.

Porque os padres esqueceram Deus a religião se apresenta hoje ao mundo inteiro sob o aspecto repulsivo, a desesperar o coração de todo ser insaciável de alguma liberdade. Deus é por natureza um ser excêntrico, que não amara senão os rebeldes e os loucos. Os Santos foram seres singulares na terra, e bastaria que por erro fossem trancados num Manicômio em vez de um convento para que o seu espírito de martírio, o iluminismo, e seu zelo tivessem abarcado de imediato o espírito de certos médicos pouco atilados ou mal intencionados o caráter de determinadas psicoses, aquelas que fossem absolutamente incapazes de se justificar. São Francisco de Assis ou Santa Teresa d'Ávila teriam permanecido presos toda a vida num Manicômio. O dr. Latrémolière tem um grande coração bem intencionado mas quando converso com ele dou-me conta de que não se pronunciara sobre as manifestações e as particularidades de todo gênero que marcaram a vida surrealista em Paris de 1920 a 1937 e que deixaram marcas em livros como o *Manifesto do Surrealismo*, *Os Passos Perdidos* (entrada dos Médiuns), as obras de Robert Desnos, etc.

Se houvesse vislumbrado Robert Desnos entregar-se às improvisações de um médium numa cela as teria classificado como logorreias, da mesma maneira que não se furtara de dizer-me que as minhas ideias e percepções do Maravilhoso e do Oculto são delírio e alucinação, e os signos silenciosos com que segundo gestos trato às vezes de encerrar no ar as imagens que detenho do Religioso ou do Sagrado a manifestação de um delírio maníaco ou da mania de perseguição.

Parece-me que seria apropriado um pouco mais de respeito pela miséria e um pouco mais de amor e compreensão. Gosto muito do dr. Latrémolière mas observo que ele não gosta de mim quer dizer não me compreende e isso dói no meu coração.

Nem todos os médicos são como você no tratamento de Poetas, Místicos, Iluminados ou de Videntes e não entendem este espírito de reivindicação de outra vida que está no coração de todo homem nobre e em seguida se transformam em delírio de reivindicação.

Mas continuemos. O que queria dizer-lhe é o seguinte: percebi no seu coração um sofrimento crucial, latente e uma terrível repulsa. Não podemos ser felizes neste mundo dr. Ferdière porque em todo lado escondem Deus. Deus não para de se manifestar com seu cortejo de esplendores, peculiaridades e milagres. Mas os homens não querem ver isso. Vendo que a vida volta com sua aparência costumeira e sórdida pensamos que isso não acontecera e no nosso coração dizemos "o que interessa isso já que temos de viver". Mas viver hoje dr. Ferdière é se transformar em cúmplices do Mal. Deus jamais quis esta vida e este mundo e não cessa de exauri-la no céu onde no fundo e na realidade só tivera em conta o Apocalipse e isso desde a queda de Adão.

E só com ele acredite deixamos de ficar desesperados.

Você nunca aceitou dentro do seu coração a vida e este mundo, ou não amaria como ama todos aqueles que eu amo e que como eu se desesperam ao ver que o mundo não dera certo. Tenho perfeita consciência de que no fundo tanto você como eu nem a vida ou os homens conseguiriam anular. Creia-me que chegará o momento da libertação e mais rápido do que imaginamos o essencial é não deixar se influenciar pela malícia satânica de um mundo que opera todos os meios de persuasão ou de pressão para impedir que possamos rebentar nossas correntes e olhemos a partir do exterior da nossa atual condição. Tais correntes são magia e tais feitiços partem de determinados meios judeus que sempre dominaram a polícia e a administração.

Pouco após minha chegada aqui você encontrou-se com um inspetor do Manicômio que falou sobre mim e lhe disse que fizera uma pesquisa para elucidar sobre o meu intrincado estado e o resultado demonstrara que era Antonin Artaud e a minha pretensão de reivindicar o nome Nalpas era falsa. Este inspetor mentiu-lhe porque descobrira que minha família constituída por meu pai José minha mãe Maria e minha irmã Germaine Nalpas procuravam por mim. Mas recebera ordens dos mais Altos Cargos da Polícia para que me escondessem com o intuito de abnegar aquilo por que legalmente não se deve negar a liberdade reclamada por um paciente.

O inspetor disse-lhe ainda que seria "perigoso para todo mundo" que aqui me fosse ministrado ópio. É uma destas frases biliosas como só a malícia do feitiço judeu pode inspirar. Não vejo que perigo você correria pelo fato de que o ópio com o qual me alimento há dez anos atenue o espírito e o coração que estão sob a angústia completa, e por um momento recarregue minhas energias orgânicas. A não ser o perigo que poderia afugentar com a desonestidade policial a repreendê-lo de maneira iníqua que possa me medicar.

Tenho a impressão de que agora você deveria rever este inspetor porque acredito que Deus passou por lá esta noite e o coração daquele homem mau melhorou.

Creio ainda que você mesmo acreditando que sonhava vislumbrara as manifestações ocultas porém visíveis que provocara esta milagrosa transformação.

Todos os sofrimentos e nossos rancores nesta terra não se prolongam muito os homens mudam porque Deus na verdade nos dirige e o essencial é não se deixar conduzir nunca pelo Mal, os maus sentimentos que o Demônio introduz em nós são efêmeros e ilusórios, só os verdadeiros e bons sentimentos são imperecíveis e reais.

Seu de todo coração

Antonin Nalpas

Rodez, 31 de julho de 1943[*]

Ao dr. Jacques Latremolière

Em 1906 ou 1907 havia em Marselha um menino chamado Nanaqui[**] que vivia na rua Madeleine 135. Num dia de verão este menino saiu para passear com uma das empregadas. Fazia muito calor e ficou com vontade de tomar um sorvete como os que vendem em Marselha os sorveteiros nos dias de calor. Ao se aproximar do pequeno carrinho de sorvete sentiu algo semelhante a uma advertência que logo lhe oprimiu o coração. Não quis pensar naquilo e em seguida pediu o sorvete.

Foi quando a atmosfera se tornou subitamente inexplicável ao seu redor lhe pareceu que as pessoas que o cercavam tornaram-se todas, ao mesmo tempo, em gente má.

Este menino teria onze anos. Estudava em Marselha num Pensionato chamado do Sagrado Coração, rua Barthélémy 29. Era um estudante mediano. Contudo os padres e as freiras que cuidavam da sua educação lhe atribuíam uma natureza à parte, consideravam-no muito dotado de um ponto de vista da inteligência, sem que esta inteligência se fizesse notar de maneira especial no trabalho escolar cotidiano.

Seja como for este menino teve diante do sorvete que lhe ofereceram uma sensação ameaçadora e bizarra e tal sensação

---

[*] Carta publicada em *La Tour de Feu* (n 69, abril 1961).
[**] Apelido infantil de Artaud.

cresceu pelo fato de assistir aumentar paulatinamente uma imensa aglomeração em redor do carrinho de sorvete. Como se pressentisse ver as consciências das pessoas espremidas em torno da sua e fossem asfixiá-la. Viu-as tal como eram, negras e envilecidas pelo Pecado. Se o sorvete se constituía numa ameaça para ele, a consciência das pessoas era uma ameaça ainda pior e sentia que ambas ameaças insólitas tinham alguma relação. Daí redundava que o "sorvete" estava envenenado, e havia na alma inocente deste menino algo que bloqueava a consciência de si mesmo, também havia no seu juízo alguma coisa que o proibia admitir que se pudesse envenenar um sorvete de maneira gratuita e oferecê-lo ao acaso à primeira pessoa que aparecesse, e isso por simples e desenxabida maldade, havia ainda uma última coisa a impedi-lo de acreditar que fora ele especialmente o escolhido e indicado para este ato atroz, pois qual seria a razão de um pobre vendedor envenenar um garoto desconhecido e inocente que não fizera nada nem desejara alguma espécie de mal a alguém, e como tal vendedor sabia que este garoto passaria por ali naquele dia para assim preparar o veneno e o sorvete sem que o vissem?

Tudo isso era inadmissível e improcedente. Contudo o sorvete estava envenenado. O menino sabia, *via* o veneno e não podia acreditar *porque sua razão* lhe dizia, não!

Foi quando se produziu um milagre!

Uma chama de extermínio descera subitamente do céu abolindo a consciência dos demônios que cercavam o menino, e nesta chama surgiram um mandamento e uma certeza: "Não comerás, é veneno."

A chama era a força de Deus, e a força era um Anjo. Os Anjos são forças decisivas de Deus que só se interpõem em casos críticos, mas a chama tinha algo que em seu benigno horror a designava como se fosse o mesmo Ser de toda determinação Angélica, e o que não voltaremos a ver neste mundo antes de chegar a hora do Extermínio.

O coração de Deus teria estado oprimido pelo Pecado Humano por muito tempo para se vislumbrar o Anjo do Extermínio, o mesmo Anjo deve ter se mantido demasiadamente *escandalizado* e *reprimido* na terra num homem pelos demônios para retomar sua luz própria, não se pode esquecer que a luz de Satã com a qual se iluminam os demônios a uma eternidade era A do Primeiro e mais *inteligente* dos Anjos e que ao se refugiar na terra durante a rebelião dos Anjos, os demônios roubaram essa luz quase por completo.

O Anjo da Exterminação é este Espírito da Suprema essência que não poderá voltar a encontrar na terra antes que o Mal não tenha se realizado na totalidade. Porque o Apocalipse de Deus não pode nascer, se o Mal não tiver esgotado a luz que fora roubada.

Na quinta-feira à noite voltou a pensar na queda dos Anjos e de novo vira seus eventos na imensidão do céu. Entrevira Satã repelido por Miguel e crucificado no fundo dos Infernos. Junto à Virgem Maria observara Jesus cristo na rebelião do Mental Angélico degolar e decepar o Nascido do Suor que na Verdade é o demônio enquanto que o Anjo na verdade não pode se rebelar e neste caso deve *morrer*.

Também fizera esta pergunta que todo cristão já se fez: Por que Deus, sabendo que Satã o trairia, criou-o tão belo e sublime e lhe respondera que na Verdade nunca caíra mas que apenas sua consciência morrera, com a condição de o Anjo regressar um dia para vingar-se do Mal.

Fora descoberta uma força assombrosa, um turbilhão lilás-açafrão no fundo do céu, aonde reconhecera a força Inteligente do sublime que é o Anjo exotericamente chamado Satã mas que na Iniciação superior possui um nome que ainda não pude encontrar e que soa como Anargh... iel.

O Anjo que também salvara Nanaqui em Marselha estava em estado de turbilhão anímico e atuava fora do Ser, mas um Ser fora criado por Deus para merecê-lo, quer dizer para encarná-lo e integrá-lo pelo suplício da sua dolorosa compreensão das coisas perturbadoras e demoníacas nesta terra e na vida.

Este Ser e este homem é você, dr. Latrémolière; quando Nanaqui tinha onze anos ao arrancá-lo da Morte, chamava--se Antonin Artaud e morreu no Asilo de Ville-Evrard com a idade de quarenta e dois anos, em agosto de 1939. Morrer aos quarenta e dois não é um milagre, e todos viram-no sair do Asilo de Ville-Evrard no cadáver de Antonin Artaud, se for um milagre é que alguém distinto tomara o lugar de Antonin Artaud e sucedeu-o na dor. Este alguém se chama Antoine Nalpas tal como na quinta-feira à noite fora dito por Deus.

Seu de todo coração

Antoine Nalpas

Rodez, 13 de agosto de 1943

A Gaston Ferdière

Há algo que dói no meu coração e tenho a impressão de que subitamente dentro de você alguma coisa se alterou em relação ao afeto que sentia por mim e por voltas e voltas que dê no fundo da minha consciência aos atos, pensamentos ou sentimentos no que concerne a você não encontro absolutamente nada que justifique da sua parte e contra mim qualquer reprovação ou queixa.

Por outro lado, quando me fez vir aqui em nenhum momento pensou em mim como um doente, inclusive no início da minha internação parecia compartilhar minhas interpelações. Um dia chamou-me para oferecer-me o "Hino aos Daimons" de Ronsard e pediu para que escrevesse sobre minhas reflexões e nem por um instante tive a impressão de que você tentara provocar-me dizendo que as reflexões estavam certas. Porque sr. Ferdière neste momento falou com o coração.

Doutra parte respeito sua advertência de que tenho a obsessão de render-me a passes com tendências mágicas sobre este ou aquele, numa atitude de Proselitismo que a Medicina mental considera como uma doença, permita que lhe recorde sr. Ferdière que Antonin Artaud fora o criador de uma Dramaturgia que não expôs apenas em inúmeros escritos mas que materializou em cenas compostas por quatro obras:

Les Mystères de l'Amour de R. Vitrac
Le Songe de Strindberg
Partage de Midi de Paul Claudel
Victor ou les enfants au Pouvoir de R. Vitrac
E *Cenci*

que o próprio compusera segundo Shelley e Stendhal.

Os gestos que aqui reprova e esbocei sobre você num banco de jardim do Manicômio há quatro meses, e ensaiei anteontem sobre Voronca e me ajudam a orar para Deus, estão na base da Dramaturgia exposta em cena por Antonin Artaud e se realmente o fato de entregar-me a eles constitui uma enfermidade, então Antonin Artaud foi sempre um doente porque todas suas encenações não se compunham senão de tais coisas. E Philippe Soupault que reclamava numa das suas obras o crime gratuito, e Louis Aragon paralisado diante de uma lâmpada elétrica nos *Champs Elisèes* cultivavam um estado voluntário de alucinação eram loucos juntamente com todos os surrealistas.

Por que sr. Ferdière não quer conceder-me um pouco mais de crédito e aceitar em seu coração que há em minha vida algo milagroso capaz de explicar minha atitude e inquietações morais muito mais do que todas as classificações médicas e que podem ser espartilhadas.

Em conjunto com a Palavra compassada e entoada pelos atores de *Cenci*, ensaiavam toda uma plástica corporal Simbólica em que a Expiração era misturada com figuras que consolidavam no ar a cabeça, os braços, o busto. Não se pode imaginar sr. Ferdière até que ponto minha consciência sofre e se escandaliza quando vejo-o considerar e tratar como doença Atos, Pensamentos e uma Atitude que estão na própria base de toda Religião e de toda Poesia.

De maneira alguma pensei em demônios com os gestos inocentes que fiz outro dia sobre Voronca. Tentei apenas mostrar-lhe uma força que partia de mim para ele.

Porque ele mesmo disse-me: "Sr. Nalpas eu gostaria de ser Poeta. Escrevi muitos livros mas o Poeta é aquele que se exprime com Palavras de Fogo, aquele que se eleva no que escreve para transportar a consciência das pessoas, gostaria de ser um Poeta deste gênero"

Isso inspirou-me a oferecer-lhe um pouco do meu coração e o meu alento e ficara perplexo ao perceber que você entendera isso como uma síndrome mórbida e pensava em repreender-me.

Sempre que fala em *curar-me* dr. Ferdière sinto como se recebesse uma punhalada no centro do meu coração e da minha consciência, porque *sei* que não estou doente e você mesmo acreditara em minha saúde mental até o dia em que três meses atrás sua atitude mudou de maneira súbita — não sei sob que influência, então tenho a impressão de perder o amigo derradeiro que me fazia justiça e me compreendia.

Existe um livro extremamente sábio e oportuno de Marcel Granet intitulado *O Pensamento Chinês*, uma longa explanação da Teoria dos *Trigramas* que é incompreensível se atentarmos à lógica do Pensamento Europeu e seria abalizado como Demência pela Medicina ocidental se aqueles que a criaram a expusessem num Manicômio, porque o espírito humano de perde nela no Simbolismo desta transcendência que a consciência abandona na habitual física das coisas e penetra em percepções perturbadoras da natureza de todo aspecto Mental.

Os Demônios sr. Ferdière não são mais do que concreções efêmeras do aspecto mental, mas a sua lei é *desaparecer* quando os negamos e não os queremos ver, a genuína Lei das coisas reside na ebulição insondável e oculta cujos preceitos fixaram os filósofos da China no Mundo Profano da mesma maneira que os Padres da Igreja determinaram seus cânones no Mundo da Religião.

Falamos sobre os Trigramas na casa de Robert Desnos em 1935 sr. Ferdière, e você percebera neles uma base concreta de ocultismo e de Magia e eu o alertara que um dia você mesmo ver-se-ia a considerar-me doente mentalmente a cuidar de mim, você mesmo pediu-me para que o fizesse refletir sobre os Trigramas porque é uma Teoria da qual gostava muito e lhe parecia com muitas ideias místicas que Antonin Artaud lhe expunha. Eu dei continuidade, ainda que nem sempre de maneira hábil. Agora só lhe resta ver uma síndrome mórbida condenável e curável no fato de que pretendo ser Antonin Nalpas e não Antonin Artaud. Então reprova-me o fenômeno de desdobramento da personalidade que de forma alguma está na minha consciência porque minha presença sobre a terra é um milagre produzido em agosto de 1939 mas que não posso provar-lhe pois seria necessário que você fosse transportado através da Magia ao Passado para ver com seus olhos tudo o que acontecera naquele instante.

A metade de *Jerusalém Libertada* de Tasso é consagrada à descrição de artifícios ocultos com a ajuda os Demônios dificultaram por muito tempo o caminho de Jerusalém para os Cruzados.

O fato de que Tasso terminara seus dias num Manicômio não chocara a terra, não sou Tasso mas minhas ideias são ideias de uma consciência Religiosa e uma consciência de Poeta e uma angústia tremenda oprime meu coração sr. Ferdière ao perceber que você que veio a mim como amigo reprova isso, enquanto os médicos de Ville-Evrard que eram pessoas desonestas jamais lhes ocorrera reprová-las e com razão já que eles mesmos eram parte dos que me enfeitiçavam.

Acredito sr. Ferdière que se tentou fazer tudo para separarem-me de você através de meios da mais pura vileza oculta e ao não conseguirem tal intento serviram-se da sua honradez que não admite que uma perversidade semelhante esteja na base de todas as coisas para fazê-lo contestar com horror as ideias que lhe apresentava sobre as ações malignas subterrâneas do Mal que haviam ao seu redor, daí o meu respeito sobre a ideia de um Dever que na realidade não existe desta maneira.

O seu dever como dissera-me esta manhã é fazer com que resgate minha liberdade. Mas não poderá impor nisso toda a energia extraordinária da sua alma se continuar pensando que estou doente quando não estou.

Arthur Rimbaud foi para a Abissínia encontrar o Segredo da folha de Latânia que remontava ao Paraíso Terrestre no Período Edênico que decorrera antes da queda de Adão e como o Papiro ou o Pergaminho conservados milagrosamente figurara um signo inscrito pelo próprio Deus nas origens do paraíso.

Este Signo engloba o Segredo de toda possível criação e o entrelaçamento linear simples que não poderia se vislumbrar sem ser fulminado. Arthur Rimbaud lutara muito tempo com a Magia e os Bruxos abissínios antes de entrar em possessão por fim com a folha de Latânia. Toda Poesia Real dr. Ferdière num dado momento se inclina sobre atos de Magia Verdadeira e porque a Magia de Rimbaud na Abissínia não é mais do que a continuação das *Iluminações*, de *Uma Temporada no Inferno* e a concretização dos poemas perdidos de *A caçada Espiritual*. Quem pensaria em acusar Arthur Rimbaud de demência, ou qualquer psicose *por causa disso*.

Não se imagina sr. Ferdière o bem que faria a minha alma se deixasse de tratar-me e o peso que tiraria do meu coração. Sentir-me suspeito de alguma psicose impede-me de escrever e trabalhar como fazia então com minhas reflexões ou Poemas e orações.

Comungo aqui cada vez que há Missa, não esqueça isso.

Não tem notícias sobre minha irmã Germaine Nalpas?

Antonin Nalpas

P.S. Fora preciso uma imensa Dor Humana dr. Ferdière para que a Alma de qualquer homem chegasse a compreender a Verdade, mas uma dor demasiada numa parte provocaria um Colapso entre outras coisas, e as Iluminações que causam esta Dor podem ser supridas a todo momento por um simples gesto de piedade.

Rodez, 17 de setembro de 1943

A Gaston Ferdière

Caro doutor e caríssimo amigo,

Como disse-lhe anteontem nos últimos tempos sofri um terrível abalo *saudável*: agora que passou sinto recuperar o domínio de mim mesmo. Se atingi minha memória por um momento, estou em melhor estado do que antes pois grande parte da poeira e da escória que obstruíam meu eu profundo deixaram minha consciência.

Chamo-me Antonin Artaud, sou filho de Antoine Artaud e Euphrasie Artaud embora ela permaneça viva, meu pai falecera em Marselha em setembro de 1924.

Fui batizado em Marselha a 8 de setembro de 1896, na igreja de Chartreux sob o nome de Antoine Marie Joseph Artaud transformado em Antonin Artaud e com este nome assinei todos meus livros;

Correspondência com Jacques Rivière
(Coleção Uma obra, um retrato, N.R.F, 1924)
O Umbigo dos Limbos
(idem, NRF, 1925)
O monge, traduzido e adaptado de Lewis Carrol
(Denöel et Steele, 1930)
Heliogábalo ou o anarquista coroado

(Denöel et Steele, 1934)
O Teatro e seu duplo
(NRF, Gaston Gallimard)
Nasci em 4 de setembro de 1896 em Marselha, rua Jardin-des-Plantes 4.

Sobre o nome Nalpas é como já disse, o nome de solteira de minha mãe, filha de Louis e Mariette Nalpas, nascida (minha mãe) em Esmirna a 13 de dezembro de 1870. Mas não é por essa razão que falo sobre este assunto, e *espanta-me muito fazer isso*.

Por outro lado este homem tem origens Lendárias Místicas e sagradas que teriam exigido que deixasse à sombra do ponto de vista do que aqui se trata.

Você conhece um lugar não distante da boca do Ródano chamado SANTAS MARIAS DO MAR. As Santas eram QUATRO:

Maria Betsabé, Maria Galba, Maria Egipcíaca e a Santa Virgem Maria Mãe de cristo. Chegaram ali de barco após o Suplício do Gólgota.

A Lenda reza assim e isso foi-me endossado por vários ilustres ocultistas de Paris que o nome civil e social de uma delas era Nalpas, Maria Nalpas.

Mas isso é tudo. Não sei por que ocorrera-me recordar aqui este nome que pelo contrário tenho todas as razões para respeitar e pronunciar *deste ponto de vista*, por outro lado é um nome muito comum hoje, pois minha mãe teve seis irmãos e eles uns cinquenta filhos e netos, etc, etc.

Incluo aqui o nome de um dos meus primos Richard Nalpas para tranquilizá-lo.

Quanto ao Báculo que fora de São Patrício patriarca da Irlanda e antes Dele o próprio báculo era de Jesus cristo que plantou-o, modelou, desenhou e construiu, não tive-o em minhas mãos senão alguns meses de maio a setembro de 1937 a tempo de devolvê-lo aos irlandeses, fora furtado deles no final do século XIX. A visão do báculo despertara a massa você sabe, e excitara o ódio da Polícia francesa e da inglesa, o resto já conhece.

Tudo isso dr. Ferdière está bem distante, em parte esquecido, porque assassinaram muitos atores deste drama terrível do báculo e você sabe que ao não conseguirem envenenar-me ou assassinar-me (são fatos indiscutíveis dr. Ferdière os quais terá provas e testemunhas se já não tiver) tentaram depreciar minha consciência e me fizeram ficar *internado*, completou agora seis anos.

Mas onde estão essas pessoas. Em relação ao Báculo está com os irlandeses, e não sou mais do que um escritor que poderá voltar a escrever quando se sentir um pouco mais feliz, o que está voltando *a acontecer aos poucos e há alguns dias*.

Só mais uma e derradeira coisa me mantém até penetrar na possessão total da felicidade.

Primeiro um labor, uma atribuição ou função, algo que sinta como se fosse útil, servir para algo, como se estivesse estribado em alguma coisa, sem dúvida você encontrará algum trabalho que me ocupe certas horas do dia de acordo com minhas capacidades.

Segundo um pouco mais de comida se não for pedir muito. Conseguiu que me fosse dado purê e marmelada e compreende que o corpo humano sabe e sente o que lhe faz falta, estes dois elementos fizeram-me um bem divino e preencheram um buraco, mas se pudesse convencer a que dessem arroz doce e sêmola isto anularia a necessidade imperiosa da falta de alguma coisa e recuperaria de imediato minhas forças.

Pedi à minha família um pouco de manteiga e chocolate, pão e biscoitos e esperando que minha mãe recupere a saúde, e por fim eu seja o responsável por cuidar dela no dia em que afinal me devolverem a liberdade.

Perdoe-me se o importunei de novo mas creia em todo meu afeto.

Realizarei aqui o trabalho que me arranjar.

À espera disso receba o testemunho dos meus mais sinceros e profundos sentimentos.

Antonin Artaud

Você teria o endereço de minha mãe, além daquele da Pensão Florida, rua Pierre-Guérin, 11?

Sei que se mudou para Chaville mas não conheço sua última morada. Sem dúvida deve ter lhe dado.

Rodez, 17 de setembro de 1943

A senhora Artaud

Minha muito querida mãe,

Há muito tempo que não lhe escrevo e também não recebo notícias suas.
Acredito que machuquei-a no ano que transcorreu, mas lhe escrevo hoje para acalmá-la e libertar seu coração tanto como estou preocupado e para que saiba que o amor profundo, absoluto e verdadeiro que lhe dedico jamais me abandonou nem um minuto assim como o grande respeito filial que lhe devo e que sempre esperou de mim, mas sabe que há anos fui vítima de uma injustiça grave que provocou meu *internamento*, devido à história do Báculo de são Patrício e da Viagem que fiz a Irlanda para devolvê-lo aos irlandeses. Assim aconteceu e em Dublin reconheci a existência do Santo Graal, a esmeralda mística descoberta e recolhida por José de Arimateia do Sangue de Jesus cristo crucificado, e transmitido de século em século e que permanecia desconhecida no Museu de Dublin junto com outras pedras preciosas. Foi esta atitude de procura Mística que me valeu, como sabe, o ódio da Polícia inglesa e francesa e o que provocou minha longa série de desgraças. Sabe que lutamos durante vários dias nas muralhas do hospital geral de Le Havre enquanto a Polícia francesa mantinha-me ali em

camisa de força e tentava envenenar-me, e André Breton junto com a Ação Francesa tentou várias vezes invadir o hospital sob as metralhadoras dos guardas. Não me libertou mas com a sua intervenção conseguiu que não fosse assassinado e a Polícia não teve outra saída senão tratar-me como louco. Eu jamais fui um alienado, mas a longa duração do internamento acabou por afetar-me o cérebro e viciar em alguns aspectos minha visão saudável das coisas. Passei, como sabe, por Rouen, Sainte-Anne e Ville-Evrard.

Por fim aqui encontrei um verdadeiro amigo, o dr. Ferdière, que tentou aproximar-se de mim e compreender meu destino. Fora inspirada por Deus ao sugerir vir até Rodez, pois o ambiente é distinto e a atmosfera de *afeto* e ajuda humana que encontrei gerou uma crise saudável que sem dúvida me abalou mas me fez voltar a mim mesmo e agora devolveu minha visão sã das coisas a partir de todos os pontos de vista.

Repito, se a machuquei em alguns aspectos e pontos, isso foi por palavras torpes, estouvadas e que não correspondiam na realidade ao que penso da senhora e que só o meu espírito transtornado me apartara das palavras cordiais que queria dizer-lhe e são as únicas que merece. Agora, após a crise que passei, vejo-a tal como é, e vejo todo o [...]*.

---

* O final da carta se perdeu.

Rodez, entre 17 e 25 de setembro de 1943

A Gaston Ferdière

Creio que seria extraordinário para mim fazer algum trabalho preciso e objetivo. Poderiam enviar-me o livro de Lewis Carrol: *The Looking-glass*? Farei a tradução para Delanglade e traduzirei com o mesmo espírito com que traduzi o poeminha "Fantasmagoria" tema com variações, atendo-me bastante ao texto, esforçando-me por encontrar em francês a veia original do seu espírito.

Antonin Artaud

Rodez, 25 de setembro de 1943

A Gaston Ferdière

Meu caríssimo amigo,

Acontecera uma curiosa coincidência que não posso me furtar a assinalar, é que na mesma manhã em que o sr. Delanglade trouxe-me o capítulo de "Gros Courtaud"[*] pensei em voltar a escrever, o que não acontecia há seis anos.

O sr. Delanglade levara o livro de Lewis Carrol às três da tarde e na véspera não dissera nada sobre o que se tratava.

Contudo, eis algumas frases que escrevi nesta manhã em que recebi o livro *Through the Looking-Glass* (Através do Espelho):

"Sou um ignorante. Por muito tempo acreditei que tinha certeza do sentido das palavras, também até certo ponto acreditara que era seu dono. Mas agora que as *experimentei*, perdi esta certeza.

Por quê?

As palavras tinham valor pelo o que as faziam dizer, ou seja pelo o que eu colocava dentro delas.

Entretanto, nunca soube exatamente até que ponto tinha razão.

---

[*] Artaud se refere ao capítulo de *Through the Looking-Glass*, "Humpty Dumpty". O autor teve a ajuda do capelão do Hospital de Rodez na tradução que realizou.

Quando pensava numa árvore e pronunciava a palavra *árvore*, sei que não cometia nenhum erro, pois a palavra *árvore* concentra algo objetivo, uma realidade material íntegra e adequadamente caracterizada.

Mas não sei para onde meu espírito se dirige e o valor que há quando penso no *Infinito*.

Quem acreditaria de fato que para o matemático a palavra INFINITO tenha um sentido, +Infinito, - Infinito, diz-se na Matemática, mas... etc, etc."

Não avancei nesta tentativa de explicação verbal. Não obstante, surpreende-me sobremaneira quando você mesmo, sr. Ferdière, assinalara que a passagem que diz respeito à invenção verbal pura em que surge uma vez mais o problema sempre inconcluso das origens da linguagem era o que mais lhe interessara.

"— A questão é saber — disse Alice — se é possível fazer com que as palavras signifiquem tantas coisas diferentes.

— A questão é saber quem é o Dono? — disse Humpty Dumpty — E nada mais!"

Pensara uma vez mais noutras expressões para traduzir Humpty Dumpty, mas a passagem relativa às palavras-valise me parece de uma *atualidade* espantosa. Compreendo a ideia de recolocar na moda o livro de Lewis Carrol. É, sem dúvida, humor genuíno! A relação entre sua poesia intrínseca, a desordem, a cacofonia incrível que existem na essência dos fatos que vivemos. Espero concluir este trabalho em meados da próxima semana. Até lá, meu caríssimo amigo, os meus sentimentos mais afetuosos.

Antonin Artaud

P.S. Se domingo de manhã pudesse dedicar-me cinco minutos tenho duas ou três coisas a pedir-lhe que facilitariam meu trabalho.

Rodez, 30 de setembro de 1943

A Jean Paulhan

Caríssimo amigo,

Sua carta chegou em boa hora. Há dez dias voltei a escrever de novo com a esperança e o desejo de *reviver um pouco* todas as observações realizadas nestes seis anos que estou internado sobre os problemas que mais me preocupam. Interroguei-me se as palavras seriam capazes de dizer tudo o que queria fazer-lhes dizer, sobretudo se teria o direito de pensar o que dizem verdadeiramente e *de fato*. Apenas Deus em algum lugar onde os Seres não têm acesso criara sílabas perfeitas, "criar", queria dizer fazer com que tais sílabas emanem o Infinito. *E o que é o infinito quando se pensa nele*. Após atirar ao chão esta palavra em todas as línguas imaginadas o que resta ao cérebro humano é o que no texto que estou escrevendo tentarei demarcar ou melhor "recordar" e descrever. Posto que determinar o que seja referente a uma noção tão falaz e pura como a de Infinito, isso é negá-lo e anulá-lo. De fato isto não é possível. O Infinito é algo que se manifesta, mas apenas Deus pode manifestá-lo. O que resta de Infinito na linguagem não é mais do que uma recordação do Verbo de Deus que alguns grandes místicos e raríssimos grandes poetas captaram. Porém, creio que, caríssimo amigo, nestes tempos há algo que se aproxima do Infinito, quero dizer algo que saltara para fora da medida temporal e que nem todos se acautelam, mas alguns espíritos singulares entre os quais figura o seu certamente comprovaram. Quanto mais o tempo avança mais nos distanciamos da medida e da ideia de "tempo", tal como da noção de espaço; quanto mais nossa consciência se aproxima do Infinito e do Eterno, em resumo a esta Vida Unitiva e contemplativa em que todos os grandes Místicos e todos os Santos comunicaram com Deus.

Os problemas em torno dos quais meu texto orbita, as ideias que evoca, são aquilo que se encontram nas palavras: o Inconsciente, o Infinito, o Eterno.

É algo que não pode se realizar sem a mais completa humildade. Como um poeta que aguarda muito tempo para que as palavras digam tudo o que têm a dizer antes de domesticá-las. Há neste texto muitas frases em que me interrogava até que ponto um escritor possui o direito de se julgar Senhor da linguagem.

Certamente seu dever como homem equivale em domar as palavras, mas quando acaba de dizer o que tinha a dizer, até onde pode crer tê-las dominado no que se refere ao que é Absoluto da Essência do que ele quis que significassem, e do máximo que ele mesmo tentou atingir.

Há em tudo isso algo perturbador e terrível, e em sua carta reconheci a preocupação por tal fato. O que demonstra que pensamos sobre a mesma coisa neste momento.

— Não poderia encontrar-me dois ou três exemplares de *O Teatro e seu Duplo*. Me faria um grande favor. Talvez procurando bem pela editora N.R.F., penso que encontrará alguns.

Em todo caso envie-me cinco ou seis exemplares do número da N.R.F. (Nouvelle Revue Française) que apresenta *Viagem aos país dos Tarahumaras*, de agosto de 1937. Amanhã realizam-se as festas de São Remígio, comungarei em sua honra, e de todos os que gosto. Escreva-me o mais rápido possível e venha visitar-me aqui se puder com a senhora Paulhan.

Todo o meu afeto de coração

Antonin Nalpas
Rua Vieux Saint — Rodez

Rodez, 5 de outubro de 1943

A Jean-Louis Barrault

Meu caro Jean-Louis Barrault,

Sua carta causou-me um enorme prazer. Trata-se com efeito de devolver-me a liberdade. Mas isso pode levar algum tempo.
  Peço apenas para escrever-lhe, sobretudo quando sinto que também você se aproxima com alguns mais de tudo o que agora me preocupa, cuja ideia me permitira suportar as desgraças sem me deixar vencer: Deus. Regressei a Ele em Dublin em setembro de 1937, foi lá que confessei-me e comunguei depois de vinte anos de distanciamento do seu culto, e muitos anos de ateísmo e blasfêmias dos quais minhas obras estão repletas. Gostaria de acentuar que exceto a *Correspondência com Jacques Rivière*, *O Teatro e seu Duplo* e as *Novas Revelações do Ser*, proíbo absolutamente todas minhas obras escritas e mandarei destruir as edições. Após a Irlanda não pude mais praticar meu culto porque nem em Rouen, Sainte-Anne nem em Ville-Evrard havia uma capela ou capelão, mas aqui há e comungo todo dia. Não sei até que ponto isto me fortalece contra o Mal.
  Penso neste momento num texto que se chamará "A Poesia e o Cristão", e será um comentário do poema de Stéphane Mallarmé sobre Edgar Poe. "Tal como em Si mesmo no final

a Eternidade o transforma", é um poema *declamado*. Seja recitado em voz alta para transmiti-lo aos demais, ou dito para si mesmo *sem dizer uma palavra* e nas profundidades da alma, me parece que a poesia deveria ser lida ou dita desta maneira, como uma Oração ao Deus Eterno. Declamar um poema é rezar. Mas rezar é antes de tudo expulsar o Mal de Si, portanto não pode ser declamado para todo mundo, sem de início aplicar a si mesmo e *em simultâneo* este esforço de purificação mágica a fim de que aquilo que se manifesta aos outros recaia sobre eles com a máxima pureza, ou seja com total eficácia.

Por essa razão todo poema que não sirva para rezar a Deus é *totalmente* ruim e inútil. A declamação é a interiorização extrema, mas não será atingida a essência extrema do seu eu, se a pessoa não é totalmente pura, religiosa e *desinteressada*. Por isso, os verdadeiros artistas nunca estiveram senão nos claustros, Jean-Louis Barrault, e o Teatro jamais fora tão grande como na altura em que era uma manifestação religiosa e sagrada, compreendida com *piedade e devoção*, e atuando como uma *Elevação*. Este mundo é terrivelmente pesado. Uso precisamente um poema como o de Mallarmé, para evidenciar que Mallarmé não perdera o contato com a eternidade tal como os grandes Místicos cristãos: Tauler, Ruysbroeck, Dionísio o Areopagita, Jean Cassien, Ermengarde, Hildegarde e Santa Brígida entenderam o que é a Eternidade sem Deus para um espírito humano.

Você sabe que é a polícia inglesa que está na origem das minhas desgraças e portanto do meu internamento porque foi ela que me prendera em Dublin, por ter o Báculo que fora identificado com o célebre báculo de São Patrício desaparecido da Irlanda desde o final do século XIX e é um objeto sagrado e não teria ido até a Irlanda senão para devolver aos irlandeses a quem pertence e através do qual chegue até as mãos de Deus a quem deve voltar no momento em que surgir o Anticristo. Por ter feito seguir o seu Destino fui martirizado pela polícia francesa em Le Havre por dezessete dias em setembro, outubro de 1937. Não peço mais do que encerrar meus dias em oração, fora do mundo, num claustro perto de Deus. Mas fora da França, é claro.

Estou com você de todo coração, Jean-Louis Barrault, escreva-me.

Antonin Artaud

Rodez, 10 de outubro de 1943

A Sonia Mossé*

Confio esta carta a Jean Paulhan. Soube por meu amigo Delanglade, que está aqui na casa do dr. Ferdière e me transmitiu através de Claude-André Puget, que você me procurava. A carta será entregue *pura*.

Tanta coisa sucedeu, Sonia, desde a única visita que me fez em Ville-Evrard com Christian Tony**, completaram agora dois anos, ah!

Não voltar a vê-la em carne e osso me é terrivelmente cruel, mas sabe o quanto pensei em você e sobretudo não deixei de *rezar por si*.

Observei longamente minha vida de outrora, falo da que antecedera meu internamento e sei que em relação a você sou culpado de muitas coisas. Perdoe-me tudo isso. Se o homem que fui nem sempre se comportara como inimigo do mal, e pode reprovar-se por tê-la feito cair no Pecado, por força das expiações este homem desapareceu de mim. Agora sou Outro, absoluta e radicalmente. Há seis anos me fiz internar num Asilo de Alienados e muitas vezes corri o risco de lá morrer, particularmente em Le Havre onde a Polícia francesa me torturou, após ser encarcerado em Dublin a mando da

---

* Atriz, pintora e modelo, esteve muito ligada ao círculo surrealista. Morreu na câmara de gás, em 1943.
** Pintor e amigo de Artaud, que acreditava que a esposa deste detinha o famoso báculo do seu Pai.

Polícia inglesa, por ter devolvido à Irlanda, como já sabe, o Báculo de São Patrício, se sofri seis anos de internamento é tudo por minha culpa, quero dizer por meus *pecados*, para manter-me o tempo necessário ao abrigo da tentação, contudo o internamento agora deve acabar;

além do mais o dr. Ferdière, diretor do Asilo de Rodez que já deu-me mais do que um testemunho de amizade verdadeira, prometeu-me que em breve hão de devolver-me a liberdade. Porém deve vir visitar-me o mais rápido que puder para falarmos sobre isso tudo.

Meu internamento terminará, Sonia, no dia em que *todos* os meus amigos, os que amo e aqueles que conheci nesta terra, se tornem castos, puros, justos e desinteressados, por fim que sejam tão caridosos e *desprendidos* como se poderá ser aqui neste mundo que não é no seu conjunto senão um receptáculo de iniquidades. O homem sofre e não sabe a razão. Aspira à paz e pensa que desta maneira hão de oferecer-lhe isso *gratuitamente*. Não entende que se não se desvencilhar da sua miséria, a culpa é somente dele. E não para de pensar que é Deus ou o acaso. Que decadência lamentável de pensamento, ou que despudor de uma super hábil duplicidade com que Satã do eterno oprime as consciências e não deixa de fazer a humanidade se extraviar. O homem sofre por uma razão, apenas uma: porque não quer renunciar à sua sexualidade. Jesus cristo disse-o numa ocasião, mas o homem recusou-se a ouvir esta mensagem, e por causa desta Verdade que manifestara, Ele foi crucificado. Por esta e não por outra razão. Jesus cristo veio à terra para eliminar a mácula original; mas a mácula original é a queda na sexualidade, enquanto que antes do pecado original o homem não praticava sexo algum, se reproduzia em seu filho segundo um princípio de multiplicidade angélica, a única coisa que agrada a Deus. Abel, filho de Adão e Eva antes da sua queda no pecado, foi concebido como um Anjo e através desta reprodução casta e sagrada, enquanto Caim foi concebido por meio da sexualidade, que é a obscena criação de Satã e por causa disso Caim assassinou Abel. Ao eliminar a mácula original com a oferta sangrenta da sua crucificação anulou e apartou o homem do alcance horrivelmente penetrante das armadilhas *fúnebres* do Maligno. Isto não é uma palavra, uma imagem sem consequências. Significa que o homem está material e fisicamente destinado a perder o seu sexo um dia. Jesus cristo não teria descido à terra se não tivesse êxito em sua Obra e Missão, na realidade. Contudo, na verdade conseguira converter a humanidade e fazê-la renunciar à atração infame de nascer e ser concebido *pelo pecado*. Isto é corroborado pelo hosana universal da multidão no dia da sua entrada em Jerusalém, oito dias antes da Páscoa. Não fora só Jerusalém mas a terra inteira se transformou naquele dia. E se oito dias depois daquele triunfo *definitivo* Jesus cristo foi preso e crucificado deve-se a uma nova e extrema onda do inferno que submergiu a consciência humana, mas com a sua crucificação fizera com que a determinação do homem em renunciar ao pecado produzido uma semana antes PERMANECERIA VÁLIDA PARA A ETERNIDADE e que houvera na terra e no tempo comum à SUA CONSAGRAÇÃO MATERIAL num dia O FÍSICO do SER HUMANO. Por outro lado, tudo isso, Sonia, está nos EVANGELHOS, e se não estiver lá é porque os Evangelhos foram submetidos e falsificados entre os séculos

II e III depois de Jesus cristo porque os homens responsáveis pela Igreja daquela época estavam sob o domínio de Satã e não queriam que soubessem que Jesus cristo proibira a concepção de filhos pelos imundos meios do acasalamento e do parto sexual. Jesus cristo dissera aos homens: Deus amaldiçoou o acasalamento, não quer em absoluto a procriação sexual que é manipulação de Satã, mas não há muito tempo seres devem crescer e se multiplicar e para crescer e se multiplicar precisam se reproduzir em seus filhos através da multiplicação Angélica, os únicos abençoados por Deus, aqueles que serão mais idôneos e capazes de atuar no Infinito: CRESCEI E SE MULTIPLICAI *COMO OS ANJOS*, DISSE CRISTO. SÓ ENTÃO SEREIS BASTANTE EM NÚMERO PARA ATUAR NO CORAÇÃO DE DEUS. E ao falsificar os textos sagrados os homens afirmaram aí que estavam autorizados a multiplicar-se como porcos.

Há ainda algo que fora suprimido na bíblia: a história do Báculo de São Patrício tal como aparece impresso com todas as letras até alguns anos atrás no Apocalipse. Li isso em maio de 1935 numa Bíblia emprestada pela senhora Schramme em Bruxelas, rua des Mélèzes 8. Era, segundo creio, a Bíblia de Osterwald. Depois não voltei a encontrar na Bíblia. Acredito que o atual Papa Pio XII é o responsável por essa supressão e penso que Hitler lamenta isso. É nesta parte da bíblia que sabemos sobre A SEPARAÇÃO DOS SEXOS que fora decretada. Isso aconteceu em Roma em 1925 na Biblioteca do Vaticano onde me fora comunicado o texto original e autêntico dos Evangelhos originais e um homem traduziu para mim. É preciso que Hitler, que encontrei no Café dos Bohemios, em frente do Kurfurstendam de Berlim em 1932, quando "rodava" *Coup de feu à l'aube*, saiba do que cheguei a ser. Logo voltará a ver Cécile.

    Seu do mais fundo do coração

Antoine Artaud

*Rodez, 18 de outubro de 1943**

A Gaston Ferdière

Caríssimo doutor e amigo,

No passado fiz muitas fotografias surrealistas. Fi-las com Elie Lotar. Inclusive num estúdio com luz elétrica e todos os elementos necessários, é preciso horas de preparação para se conseguir uma figura poética expressiva sobretudo de um conjunto de objetos inanimados. Neste caso a ideia de enfeitar um báculo com repolho representa em sua execução inúmeros obstáculos técnicos. Ademais há neste poema algo que me enfada: tudo o que oculta o erotismo do subconsciente e é o dever de todos nós destruir em vez de encorajá-lo. Por nada no mundo desejaria que o erotismo surgisse numa fotografia. A consciência da criança ignora de fato a sexualidade, quando a percebe é que se insinua com imagens ou com palavras, e o mal exemplo. Temos a grave responsabilidade ao colocar a consciência da criança nesta direção. Da mesma maneira muitas canções infantis se baseiam em mitos eróticos mais ou menos dissimulados e o nosso dever quando encontramos um deles é destruí-los em vez de evidenciá-los, pois realmente a percepção erótica das coisas não é senão um revestimento de superfície e quando se aprofunda seu fundamento sexual

---

* Publicada a primeira vez em *La Tour de Feu* (63-64, dezembro de 1959)

desaparece pois a sexualidade não é mais do que um acidente infame da natureza, em grande parte derivado deste deus das trevas que é rei e senhor do inconsciente de todos nós e se chama fatalidade, e não é tão inocente nem irresponsável como queria fazer crer. O que afirmo dr. Ferdière se revela ao pormenor na Cabala. Meu conhecimento da Psicanálise de Freud é falho, ao contrário estudei bastante sobre cabala no *Zohar* e no *Séfer Yetzirá* (Livro da criação) e sob a luz de alguns escritores cristãos dos primeiros séculos encontrara uma explicação das coisas que me contentaram. Como você fiz muitas perguntas a mim mesmo sobre a natureza de tudo o que existe e sempre vi um mundo imoral e injusto, sobretudo abominável. Você sabe que muitas obras assinadas com meu nome estão envoltas em blasfêmias, mas já o disse: detrás de cada blasfêmia há uma reserva, pois sempre me parecera impossível que Deus seja a causa do mundo que vemos. Percebia que por trás de tudo isso havia o Mistério e foi necessário vinte anos de reflexões, sofrimento e provas para chegar a compreender este Mistério, e engendrar uma ideia sobre as coisas tal como são na realidade.

Quando compreendi isso regressei à Religião dos meus pais, com toda verdade. Desde que comungo três vezes por semana, há dois meses assim faço, todo o pensamento erótico me abandonou, e minha consciência encontrou a paz.

A Cabala dr. Ferdière ensinara-me muitas coisas sobre as origens do Mal e os antecedentes da Realidade. Isso fora dito por Cristo, em sua breve passagem pela terra, pronunciadas por Ele em termos concordes e com uma precisão terrivelmente luminosas. Mas o que Jesus cristo dissera sobre tais pontos não está nos textos dos Evangelhos tal como os conhecemos, porque se as verdades pronunciadas por Jesus cristo a esse respeito estimularam a consciência humana no Domingo de Ramos, não as admitira cinco dias depois, é por essa razão que foi crucificado numa Sexta-feira Santa. Neste intervalo de cinco dias todos os poderes malignos que afligem nosso coração, tudo o que deixa a vida tão deplorável, nos apresentando em conjunto como receptáculo de crimes, imoralidade, escândalo, egoísmo e de cura e morte, tais influências mudaram a consciência humana fazendo com que não admita a verdade de Deus. A verdade fora recolhida ao pormenor no verdadeiro texto dos Evangelhos tal como os conheciam os primeiros cristãos. É por causa disso que nos dois ou três séculos que se seguiram à morte de Jesus cristo a Verdade predicada pelos primeiros Apóstolos e seus sucessores seguintes conquistara os corações humanos. Foi neste momento que as conversões se tornaram inumeráveis e o cristianismo se formara. Depois e na medida em que a consciência se distanciara do Ensinamento da Igreja a ideia cristã decaíra nos corações humanos. No Evangelho verdadeiro de Cristo e no Zohar há o texto original da Palavra do Pai, aí encontramos uma descrição do mundo tal como era antes da queda de Adão, e se entende de onde procede o Mal, o sofrimento, a injustiça e a iniquidade que de maneira alguma é culpa de Deus mas do homem. O homem não se tornara mais miserável e rejeitado na medida em que atraiçoara a concepção original e angélica das coisas, adotando a sexualidade. Jesus cristo não disse: "Crescei e multiplicai-vos". Ele disse: "Acreditai e multiplicai-vos como os Anjos. Só então alcançareis um número capaz de atuar sobre o coração de Deus".

— Cada vez que se pratica um ato sexual há algo estulto na existência universal.

Porque o inconsciente universal é comum e existe uma interação indiscutível de todos os atos humanos. O erotismo é uma operação das trevas e ao praticá-lo fazemos com que as trevas ascendam à luz da Vida.

Dr. Ferdière para encontrar um pouco de amor em torno de mim foi preciso vir a Rodez. Sofri terrivelmente devido à maldade humana em todos os manicômios pelos quais passei de 1937 a 1943. Aqui encontrei amigos que me abriram seus corações.

Não há nenhum empregado deste Manicômio que não me dirija um sorriso ou uma palavra afetuosa para mim, ou que não esteja disposto a fazer-me um favor. Precisamos disto para viver dr. Ferdière, a alma murcha na atmosfera da indiferença, do egoísmo ou da inimizade.

Você possui um grande espírito e um grande coração, sei que vai fundo nas coisas e compreendeu a Verdade. Esta Verdade é o Princípio Universal do Infinito que é Deus e é um Ser, muito puro, casto e bom e não pode ajudar-nos a viver se o trairmos seja em que aspecto for.

A canção de Rodoudou é ingênua na aparência mas no fundo não é. Creio entender bem o que significa e designa. Também sei atavicamente de onde procede. Vejo de maneira nítida a ideia de onanismo primitivo que se esconde sob palavras como as da canção que mencionam a ideia de procriação sexual:

> Um antigo e remoto adágio
> Que nos chega não sei donde
> Diz que desde tempos imemoriais
> As crianças nascem embaixo das couves

(Un antique et fort vieil adage
Qui nous vient de je ne sais où
Et qui veut que depuis les âges
Les enfants naissent sous les choux)

Segundo a tradição ocultista sabemos que as couves são a forma que o nada adota para manifestar-se na consciência humana. Não inventei isso li em livros de ocultismo e magia. De acordo com tais livros parece que Satanás, o acaso surgido do inexistente, se servirá desta forma para compor o órgão sexual feminino, etc, etc.

Dr. Ferdière, o dever de todos que não querem o Mal é ir além dos Mitos exasperantes e deletérios. Para além de todas estas imagens libidinosas e nefastas, blasfemas e deprimentes os livros esotéricos nos ensinam que o Báculo é a vontade de Deus e a mulher que evocou perante Ele é a natureza antes de tudo.

Quanto às couves, representam o Nada, quer dizer, o Nada de nada, já que Deus fez tudo com o Nada de nada. Mas no Nada de nada há cifras e Números 3 — 7 com 10 — e até 12 a cifra da maturidade nas formas e lançou no meio do signo da cruz.

Pensei nestas coisas enquanto compunha a fotografia. Desgraçadamente os objetos não eram adequados e não fiquei satisfeito com o resultado. Não vejo forma de fazer com outros objetos.

Suplico-lhe uma última coisa. Tudo o que figurar no número do *Méridien* sobre Humor que seja um momento *esclarecedor*, que não se encontre nele nada que seja blasfematório ou que se aproxime da blasfêmia, de um ponto de vista do erotismo ou da sexualidade arrisca-se em levar a consciência sobre tais coisas, ou que revele que aquilo escrito, fotografado, pintado ou desenhado foram eleitos pela sua vontade ou do coração, porque isso em sã consciência me proibiria de colaborar.

Falo estas coisas dr. Ferdière, porque sei que você o deseja.

Porque sabe bem até que ponto está o erotismo na origem de muitas doenças mentais porque seu coração, que vê além do simbolismo ocidental e efêmero, quer que o coração da criança seja puro não seja manchado de pecado; recordo ter lido numa revista um texto seu que me fez bem, porque acima da coisa sexual, soube mostrar a superelevada e casta ideia poética que está na base dos maiores mitos, e através do seu texto conseguira destruir a ideia sexual em que tentava aderir.

O texto que você escreverá sobre esta canção sei que fará novamente, porque é o que os homens mais precisam.

Seu com meu mais profundo afeto.

Antonin Artaud

Rodez, 25 de novembro de 1943

A senhora Artaud

    Agradeço do fundo do coração as 300 gramas de pão que mandou. Mas não é o pão que até certo ponto me faltava. Espero que este pesadelo termine para todos. O meu internamento não será eterno e espero que consiga minha liberdade um dia. Mas não quero que se prive por mim, a vida é muito dura para todos neste momento. Escreva-me; suas cartas me produzem um prazer imenso. Quanto ao provisionamento, faça o que seja melhor para a senhora, porque não preciso de muita coisa. Não quero que se preocupe com a minha alimentação. Escrevi-lhe faz algum tempo mas escreverei outras vezes já que gosta de minhas cartas e espero que Deus nos possa reunir assim que puder. Mas é preciso que esta guerra acabe logo. Recebi hoje uma carta de Alexandra Pecker que se incomoda também com meu distanciamento e pensa que Deus me concederá a graça de estar reunido com minha família e amigos. Fui um dia até o centro de Rodez e visitei a catedral, que é muito bonita, isso me acalmou. Recebi também um pacote de Marie-Ange. Vou lhe escrever, mas se a vir diga-lhe que agradeço.
    Um beijo de todo coração e até logo.

Nanaqui
Antonin Artaud

Rodez, 9 de dezembro de 1943

A Jean Paulhan

Meu caríssimo amigo,

    Estou sem notícias suas desde a carta de setembro, o que aconteceu com você?
    Por aqui nos aproximamos do Natal. O de 1942 foi muito triste. Queria que este fosse um pouco melhor. Soube que Raymond Queneau virá visitar-me e para mim será ótimo já que não o vejo desde julho de 1937, um mês antes de minha partida para a Irlanda. Sempre o senti muito próximo do meu coração.
    Penso dizer e escrever inúmeras coisas, entre as quais muitas graves e importantes que lhe são pessoalmente destinadas, pois sabe do profundo afeto que lhe dedico há muitos anos, mas para o efeito é necessário que devolvam-me a liberdade, pois decididamente a atmosfera do internamento não ajuda a algumas efusões espirituais nem a certas meditações. Vivemos uma época demasiado terrível e suportamos muitas provas e mortandades e precisamos de mais alegria para trabalhar. A irradiação iluminadora do Verbo, esta transposição mágica das ideias no tom que constitui seu valor não só literário mas vital, não podem regressar se na alma não há certa felicidade. Esta Alegria misteriosa existe nos escritos mais dramáticos e desesperados. Foi o que perdi quando minha liberdade foi tolhida.

Faria um grande favor caso me enviasse pelo correio dois ou três exemplares do número de agosto de 1937 da N.R.F. com o meu *Viagem ao País dos Tarahumaras*. Um editor parisiense Robert-J. Godet acaba de propor-me editá-lo e creio que você não se importará. Tenho a intenção de escrever *Viagem a Irlanda em agosto-setembro de 1937*, quando vivi os fatos mais dramáticos e sobretudo essenciais. Envio-lhe quando terminar, pois tudo o que sucedera na Irlanda está relacionado com a hedionda guerra que vivemos desde 1938, quando de fato e mesmo que isso nem sempre seja visível ou que não seja aquilo que se revela à superfície dos fatos, nunca se tratou da presença eterna ou da ação temporal terrestre imediata de Jesus cristo. As guerras jamais foram outra coisa do que assunto da religião, por mais que os homens acreditem lutar por uma infinitude de razões que não têm nada a ver com Deus nem com a sua Lei. Uma questão religiosa essencial para o porvir do mundo foi concertada pelos Iniciados da Irlanda em setembro de 1937 e por isso se recusara entregar-se a tal ponto, e o mundo começou a adentrar na desordem e no caos. Não foram os conciliábulos de Teerã entre Stálin, Roosevelt e Churchill que deteriam a tempestade: Nossa salvação virá de um lado distinto; porém falamos de tudo isso ao mesmo tempo há muitos anos com você e Germaine Paulhan e ela sabe a parte pessoal que você terá que assumir nos acontecimentos em preparação oculta aqui mesmo na França. Seria a hora de se preparar à espera disso. Se não houver ordem corremos o risco de experimentar em todo o país fatos mais terríveis do que os já vividos, *mas é possível colocar ordem*.

Uma palavra sua me agradaria muito.

Nesta espera creia em meu velho e profundíssimo afeto e transmita a Germaine Paulhan meus mais carinhosos pensamentos.

Antonin Artaud
Hospital Psiquiátrico
Rua Vieux-Sens, 1

P.S. A amistosa saudação a seu filho.

Rodez, 11 de dezembro de 1943

A Gaston Ferdière

Caríssimo doutor e amigo,

Escrevi a Jean Paulhan para enviar-me um exemplar do número de agosto de 1937 da N.R.F. que apresenta o *Viagem ao país dos Tarahumaras*, e assim poder lembrar como o restante do manuscrito de *Viagem ao México* se perdera. Além do mais, o *Viagem ao país dos Tarahumaras* está completo tal como surgira na N.R.F. O texto complementar do qual Henri Parisot falara pertence na verdade ao resto deste *Viagem ao México* que constituía um manuscrito com cerca de duzentas páginas escrito em Paris entre o mês de novembro de 1936, data do meu regresso do México, e o mês de agosto de 1937, data de minha partida para a Irlanda. Você sabe que em Dublin fui preso e lá passei seis dias, e em seguida fui deportado para a França, internado em Le Havre sem qualquer explicação na minha chegada em solo francês e sem ter sido examinado por algum médico, transferido de Le Havre para Rouen, de Rouen para Sainte-Anne, de Saint-Anne para Ville-Evrard, de Ville-Evrard para Chezal-Benoît, e por fim de Chezal-Benoît para cá. Minhas coisas estavam comigo e não sei aonde desapareceram porque a última vez que as vi foi à *saída* do cárcere de Dublin onde o próprio governador de Soto entregara-as em minhas mãos.

Para reescrever este *Viagem ao México* e para concluí-lo precisaria agora de pelo menos um ano. O manuscrito de duzentas páginas escrito em Paris entre novembro de 1936 e junho de 1937 exige umas cinquenta páginas para atingir o volume definitivo. Há algo que você sente tão bem como eu, sr. Ferdière, já que fez tudo o que esteve ao seu alcance para atenuar minha prisão: mas para escrever é preciso ser livre. O que perdi não foi para todo mundo mas quero acrescentar algumas páginas em *Viagem ao país dos Tarahumaras*, porque os sacerdotes indígenas do Sol que exercem o Rito do *Tutuguri* explicaram-me vários aspectos sobre seu sacerdócio sobre os quais não falei no texto publicado na N.R.F e que pretendo escrever.

"*A terra gira, dizem, mas o Sol anda e a arrasta. E os sacerdotes do Tutuguri são os raios deste Sol que a cada aurora golpeiam a terra para ordená-la a voltar a girar e avançar. Há que vê-los saltar e se disseminar para os quatro cantos do espaço no momento preciso em que o sol emerge e em seguida se precipita sobre a terra em harmonia com seus raios. Como sacerdotes da consciência indígena, são responsáveis por estes raios e é sua função cavar um lugar nas trevas da superfície. Segundo a tradição e o instinto, dizem que sabem por onde vai passar o Sol para que a alma humana seja feliz e fora Ele quem o disse um dia aos seus pais antes do nascimento do homem.*"

Perguntei-lhes quem eram seus Pais naquela altura, já que o homem não fora criado ainda.

"Nossos pais, responderam-me, eram seus raios mais próximos, não criados mas gerados. As primeiras sílabas da Palavra de Deus. E o Sol é esta palavra, o seu Verbo, enfim"

O Verbo de Deus é Jesus cristo para os Cristãos seu Filho. Então apresentamos aos sacerdotes indígenas uma reprodução do Véu de Santa Verônica que tem os vestígios do Rosto de Jesus cristo. Aproximaram-se respeitosos para observar e o contemplaram longamente, depois se reuniram falaram entre si com extrema animação. Não entendia sua linguagem, mas vi-os estremecer ajoelharem-se e com o braço direito fizeram um sinal que não era senão o próprio Sinal da Cruz. Deve recordar-se que o espaço circular reservado ao Rito *Tutuguri é limitado no lado oriental por seis cruzes de madeira.*

Por fim se levantaram e vieram dizer-me que o Rosto reproduzido no Véu de Santa Verônica era indiscutivelmente do Espírito que se dirigia a eles, ou seja Jesus cristo.

Naquela época esta revelação produziu uma enorme alegria a Henri Goiran, ministro da França no México quando lhe comuniquei sobre meu regresso àquele país.

Depois disso foi quando pude assistir as danças Tarahumaras em especial a Dança do Peyotl chamada *Ciguri*, porque os sacerdotes do *Tutuguri* transmitiram aos outros segundo sinais e ordens precisos.

Deram-me informações exatas sobre as incumbências do Espírito, e para que pudesse compreender tudo desenharam no chão imagens reproduzidas nas pirâmides do México, reconheci duas ou três por tê-las visto na Pirâmide de Tenayuca ou na Pirâmide das Serpentes que estão nas portas destas construções.

Creia meu caríssimo amigo em todo o agradecimento pela simpatia com que não deixa de apoiar-me em meus projetos.

Seu de todo coração

Antonin Artaud

Rodez, 27 de dezembro de 1943

A Anne Manson

Minha muito querida Anne,

Respondo sem tardar sua carta. Minha própria irmã na terra não fez mais do que você já fez desde que estou internado. Você sofreu mais do que meus familiares; só minha mãe vive há seis anos um calvário que não pode ser comparado.

Há muitas provas e horrores nesta terra e tudo isso não seria suportável nem admissível se Deus não existisse. É por Ele e para merecer entrar em seu Reino que sofri e que o aceitei *em meu coração*.

Contudo, vivi em Ville-Evrard três anos abomináveis transferido sem razão da ala dos loucos agitados (6ª) para a dos epiléticos (4ª) desta para a dos idiotas (2ª) e daí para a dos indesejáveis (5ª). Lá minha alma se indignou até o horror, pois os médicos eram desonestos.

Aqui pelo contrário encontrei no médico diretor Gaston Ferdière um amigo que convidou-me para cear em sua casa no Natal e me dissera que estava são e minha odisseia não fora mais do que uma prova e a prova terminaria e de qualquer maneira meu caso particular não tinha nada a ver com doença. Além do mais possui todas as minhas obras em sua biblioteca e sempre solicita-me que escreva algo para publicar em revistas.

Também é codiretor de uma revista de poesia e literatura publicada em Rodez com colaboração de André Breton, Robert Desnos, Paul Eluard, Giorgio di Chirico, Raymond Queneau, Jean Paulhan...

Não pude encontrá-la em Ville-Evrard, mas logo, minha querida Anne, Deus nos reunirá. Se há nesta terra mais mal do que Bem, Ele não pode apesar de tudo se situar na profundidade da consciência de cada ser para se tornar bom no seu lugar, se alguém prefere ser mal.

Li em São Barnabé e Santo Antonino sobre as torturas ocultas da Vontade humana diante do Mal e da Desgraça, páginas que a enlevariam sobretudo as que lera sobre a reparação indescritível que aguarda os Justos, os que em seu coração sempre amaram Deus e preferiram o Bem ao Mal.

Você sabe que Deus oferece a tais Justos a *Felicidade Eterna*. Sobre isso há em Santo Antonino uma página insólita. Preste a atenção agora, Anne Manson, vou reproduzi-la.

"A felicidade *Eterna*, diz, não se apreende a partir de um dia nesta terra, se apreende a partir do Céu, desde *sempre*. Não é desde o dia da sua morte, antigamente e neste século que o Justo foi feliz, mesmo antes do seu nascimento que não percebera o Mal e a Desgraça. E vislumbrara todos os malvados pelos quais teve que sofrer no Geena do inferno. A consciência humana jamais ignorara isto e este mundo não era mais do que a liquidação de uma quimera. Um dia terá consciência disso."

É o que Santo Antonino disse e escreveu muito melhor do que eu num livro publicado em francês nas Edições Tequi & filhos ou outro editor religioso

Roger Blin gostaria muito desta página porque se lembraria de muitas coisas sobre as quais conversamos um dia em que nos encontramos bem próximos, ao descer de um ônibus em Montparnasse entre *Select* e a *Rotonde* poucos dias antes de minha partida para a Irlanda.

Fielmente seu e reconhecido de todo coração.

Antonin Artaud

P.S. Queira arranjar-me o endereço de Roger Blin, quero escrever-lhe há muito tempo. Espero que tenha recebido a carta que enviei no mês de maio passado. Diga-lhe que para mim será uma alegria imensa voltar a vê-lo, o mais rápido que puder vir aqui.

Rodez, 31 de dezembro de 1943

A Gaston Ferdière

Caríssimo amigo,

Agora sei o que o incomodara tanto no *Novas Revelações do Ser*.
Há neste livrinho um tom luciferino que dá-me medo. Todos os que estão do lado de Deus são discretos e humildes, este livro respira um egotismo desvairado. Seu personalismo me causa horror. Acredito que este espírito orgulhoso e o egocentrismo foi o que São Miguel lançara aos Infernos.
Por outro lado, cada vez que as ideias de um homem tentam erguer-se sobre a transcendência oculta e que fazem isso fora dos preceitos de Jesus cristo e de sua magia inevitavelmente se fundem para sempre no fetichismo e na magia. Este livro está repleto destes aspectos. Esta é a desgraça. Sem dúvida, após as experiências, vulgaridades, ignomínia e decepções nesta terra um cristão tem o direito a aspirar outras regiões. Porém há nos escritos daqueles que pensam sob a égide de Jesus cristo e no cerne da sua Igreja um espírito de parentesco e de família os assemelha num ponto qualquer que tenham aspirado atingir. Neste ponto é a Piedade, o espírito de sacrifício, o desprendimento que se tornam *santos* qualquer ação e pensamento. O Sacerdote que faz com que Deus descenda

na Hóstia no momento da Elevação, na Missa não é mago: é Sacerdote. Deus desce Realmente nesta Hóstia. E o Sacerdote se abisma com Ele. Desta maneira a operação é positiva, porque neste momento só está Presente Deus, o Infinito.

O mago que deseja arrancar a virtude das coisas não pensa senão em primeiro se destacar e explorar o proveito *pessoal* das suas obras desta maneira é o finito ao que apela e o Mal e a magia que operam na realidade tudo o que fora *abandonado* pelo Infinito, Deus. Por isso que sua obra está perdida e toda magia sobre a terra fora condenada por Jesus cristo.

Escrevi para Paris solicitando que parem de imediato com a venda deste livro.

Seu com toda a verdadeira amizade.

Antonin Artaud

P.S. Não deve manter em sua biblioteca nem *Heliogábalo* nem o *Novas Revelações do Ser*. São livros ruins e perigosos, caso não acredite no *Pecado*: eu acredito nele!

Rodez, 1 de janeiro de 1944

A Pierre Souvtchinsky*

Meu caríssimo amigo,

Não posso me surpreender que minha carta tenha chegado com tanto atraso se tal como disse fez uma longa viagem à Rússia.
E passou por lá, segundo me disseram, terríveis provas.
No que a mim concerne, após seis anos de tormentos Deus concedeu-me a graça de estar nas mãos de um amigo, o dr. Gaston Ferdière, que no Natal convidara-me para a sua casa e disse-me que meu internamento era uma prova mas *que o meu caso não tinha nada a ver com alienação mental* e que isso terminaria. Ontem 31 de dezembro à noite, quando o substituto do procurador do hospital passou pelo jardim, apresentou-me a ele dizendo-lhe que por seis anos fora imposto a mim a impossibilidade de poder me consagrar aos meus trabalhos, *encerrado numa cela,* privado do contato com os mais próximos, mas aqui reaprendera minha atividade literária, o que é exato, *e logo haveria de sair*. Assim, meu caríssimo Souvtchinsky, este é o ponto da situação neste momento.

Os seis anos de internamento ensinaram-me quais eram os genuínos amigos e os que me queriam de coração. São todos

---

* *Músico e compositor, amigo de Prokofiev, ajudou Artaud na montagem de *Les Cenci*, não só compondo a trilha do célebre espetáculo, como arranjando patrocinadores.

aqueles que sempre gostei. Não preciso dizer-lhe que é um deles. Ensinaram-me também, nestes seis anos terríveis, a conhecer-me. Agora sei o que quero. Souvtchinsky, já não penso em teatro, e sobre a poesia não a vejo mais senão sob a égide de Deus.

Não recordo sem uma profunda emoção o culto que você professava a Jesus Cristo e que vezes sem conta manifestara tanto em palavras como nos atos e de todas as formas.

Ao sair daqui tenho a intenção de tornar-me Padre, será a conclusão do meu Destino e toda a minha aventura terrestre.

Abraço-o, Pierre Souvtchinsky, com todo o coração.

Antonin Artaud
Hospital Psiquiátrico
Rua Vieussens 1
Rodez (Aveyron)

P.S. Pergunta-me o que poderia fazer por mim. Se pudesse enviar-me um pouco de chocolate e mel; é algo do qual estou privado há anos, e aqui em Rodez, região produtora de mel, não se encontra no mercado.
Se Pierre Klossowski pudesse procurar-me um estudo sério e completo sobre o Cristianismo das Catacumbas, é algo que preciso bastante. Estes são meus Mestres, são Cirilo, São Patrício, Santo Barnabé, Santo Antonino e São Francisco de Assis.

P.S. Queria rogar-lhe que pedisse para mim a Pierre Klossowski o endereço de Balthus.
O que aconteceu com Paul Sabiani?
E Charles Bayard?

Rodez, 4 de janeiro de 1944

A Anne Manson

Minha queridíssima Anne,

Acabo de receber sua carta de 29 de dezembro passado e a respondo sem tardar. Mas talvez não se recorde de ter escrito há sete ou oito meses em que me falara numa parte sobre Léon-Paul Fargue e André Breton, e por outra de Roger Blin e Jean-Louis Barrault. Perguntava-me aí quais eram meus sentimentos sobre eles, e conhece minha vivíssima amizade que pelo menos estes últimos continuam a manter por mim.
Nesta carta, Anne Manson, respondi extensamente. E Deus por acaso será possível ter esquecido *por completo* tudo o que lhe disse sobre meus amigos, sobre você e de mim mesmo.
Não sabia, Anne Manson, que me *convertera*. E para regressar a Deus não significa casar-me com alguns ritos externos da Religião e segui-los. Mas criar uma alma nova, como um velho vestido que se lançara ao fogo depois de ter usado e por um milagre que ignoro retirasse do fogo um vestido novo! Durante meus seis anos e meio de encarceramento estive passando em revista minha alma, Anne Manson, observando o que teria de reprovar-me sobre isto ou aquilo, lamentando, libertando-me disso e clamando perdão a cada um sob o mesmo olhar de Deus e perante o Próprio Juízo. Antes do meu

internamento houve violências incoercíveis com todos meus mais queridos amigos e lhes escrevi daqui pedindo perdão, rezei a Deus e comunguei muitas vezes durante meses para a libertação e a exaltação das almas de todos eles. Fiz uma de minhas comunhões aqui para a salvação e a consolidação da sua, pois conheço as suas dores, minha queridíssima Anne, e suas cartas já não falam disso. Mas todos sofremos abalos assombrosos entre 1937 e 1943. Não falo apenas de uma antiga história confusa que provocara meu internamento e ajudara a separar os Bons dos Maus. Para uma alma genuinamente honesta não haveria outra saída a essa história senão do lado de Deus. Foi o que fiz.

Gosto muito de Roger Blin e Jean-Louis Barrault. Quero-os com toda a força do meu coração. Da mesma maneira que aspiro há muito tempo mostrar-lhe quão forte e profundo é o Amor que lhe dedico, minha queridíssima Anne, porque é Puro!

Mas gosto muito de André Breton e L. P. Fargue, embora não saiba depois de tanto tempo o que aconteceu com sua alma e isso me inquieta bastante.

Ao sair daqui tenho a intenção de aproximar-me mais de Deus, ou seja tornar-me Sacerdote, o que não me distanciará de nenhum dos meus amigos nem de fato nem com o coração, pelo contrário.

Na noite de 31 de dezembro o substituto do Procurador do hospital percorreu o jardim. O dr. Ferdière o acompanhava e apresentou-me a ele dizendo: Este é o sr. Antonin Artaud quando o tirei de Ville-Evrard estava numa cela, e por muitos anos esteve impossibilitado de dedicar-se aos seus trabalhos como escritor, e privado de todo contato com seus mais próximos. Agora retomou uma atividade, vê alguns amigos, *está muito bem e logo sairá*. Para mim não se trata de esperar até o fim da guerra para ver o término do meu internamento. Além do mais não creio que esta guerra acabe com a grotesca paz que nos prometem Churchill, Stálin e Roosevelt. Vendo o comportamento dos seres entre as coisas, parece-me que Deus tem desígnios muito distintos para o mundo e a Vida. O que não quer dizer, Anne Manson, que a Terra permaneça excluída da Felicidade, senão que os Puros e os corações cristãos entre os quais você está na primeira fila, queridíssima amiga, terão tempo para assistir coisas boas, gloriosas, perfeitas, exaltações a Deus, antes de ascender ao céu.

Beijo-a do mais fundo do coração.

Antonin Artaud

P.S. Mande-me todos seus artigos jornalísticos, sobre Barrault entre outros. Isto me interessa muito. Se pudesse encontrar numa livraria religiosa as obras de São Barnabé e de Santo Antonino, é o que procuro. Também busco a Profecia de São Patrício. Esta é toda a questão neste momento. É um Santo que particularmente gosto.

Rodez, 26 de janeiro de 1944

A senhora Artaud

Quando recebo um pacote seu, minha muito querida mãe, não me pergunto em absoluto se isso me satisfaz ou não, penso apenas nas privações que deve se impor ao encontrar uma vez mais algo para enviar-me, enquanto segundo parece em Paris já não se acha nada. Isso me parte o coração. É tudo. Dito isso, abençoo a senhora pelo contrário por ter tido a ideia de mandar-me algo de comer. Há meses que não havia visto nem um pastel de amêndoas, ou um bolo. Agradeça também a Fernand que se privou de pão para remeter-me cigarros sobretudo *gauloises*. Há anos que não via nem fumava. Diga-lhe que penso muito e rezo amiúde a Deus por ele. Dos livros que escrevi dois serão reeditados. Um: *O Teatro e seu Duplo*, o outro: *Viagem ao País dos Tarahumaras*, acrescentei neste último algumas páginas sobre os ritos solares dos índios em suas relações com Jesus cristo fonte de toda magia, solar e extraordinária, estas páginas foram escritas a semana passada e o dr. Ferdière depois de lê-las as enviara em seguida para uma revista, e fez com que me oferecessem no Asilo um cômodo para me recolher e trabalhar em paz. Fora isso vou e venho livremente por todo o Asilo. Diga a Fernand que receberá um exemplar de cada livro.

Agora devo adverti-la de algo sobre os chocolates. A pessoa que os trouxe foi *enganada* pelo comerciante. A sacola azul era muito bonita. Mas dentro havia uma bola de *papel* no fundo, outra bola de papel em cima e no meio exatamente quatro bolinhas de pasta de figo cobertas por uma cobertura escura, amarga, que não tinha nada a ver com chocolate. Os comerciantes são trapaceiros.

Agora se completaram seis anos e meio que estou internado e graças aos seus cuidados e meus amigos estou quase há um ano aqui em Rodez num ambiente amistoso; mas quisera que recordasse o abalo espantoso que sofri no início do meu internamento em Le Havre, o meu regresso da Irlanda, e a maneira que fui maltratado em Le havre, Rouen e Sainte-Anne. Sem contar as angústias terríveis que padeci em Ville-Evrard. Tudo isso, *e penso que me compreenda*, deixou em meu organismo destruições que a guerra e as restrições impedem-me de curar.

— Só Deus poderia produzir o milagre de encontrar tudo o que preciso para devolver minha força como antes.

Beijo-a com todo meu coração.

Nanaqui
Antonin Artaud

P.S. Por tudo o que disse não me mande nada mais, eu lhe suplico, fico muito sentido, mas rogue a Deus e à Virgem que me concedam a graça de encontrar todo o necessário, pois como me disse dr. Ferdière eu nunca tive uma doença mental, estive doente por causa dos maus tratos que suportei desde Dublin em setembro de 1937. Esta é a verdadeira história. Não esqueça do escapulário e rezo a Deus todos os dias pela senhora, pois seu amor por mim chegou até o fundo do meu coração. Obrigado.

Rodez, 27 de janeiro de 1944

A Jean Paulhan

Meu caríssimo amigo,

Demorei a responder sua carta de 6 de janeiro porque apanhei uma gripe e obrigou-me a passar vários dias de cama, mas não li esta carta sem uma certa emoção. Uma velha amizade nos une nesta terra há vinte anos, Jean Paulhan. Mas chega um momento em que os acontecimentos *verdadeiros* transpassam o tempo, rompem seus limites, e lembro-me de muito mais do que vinte anos volvidos entre ambos. Vou repetir e você há de se recordar. Porque os fatos em que participamos são decisivos, essenciais para o nosso destino. Preciso dizer-lhe algo de grande importância repleta de consequências seja qual for o ponto de vista e em todos os planos, tentei comunicar-lhe alguma coisa numa longa carta escrita há seis ou oito meses, mas creio que não a recebeu.
 Penso como você que este ano será definitivo, veremos efetivamente o fim deste combate horrível eximindo a terra e o céu de todos os princípios hostis, mas até hoje fora da consciência, e *agora* penetrarão nela. Reside aí todo o drama, caríssimo amigo. Você teve muito amiúde a percepção deste combate, por isso o respeito, pois sempre senti que vivia noutro mundo, na verdade, do que neste. Nunca pude esquecer o que sucede

no outro lado, tampouco deixar de vivê-lo, porque Deus quis que fosse capturado nesta batalha essencial, e foi este o destino de muitos poetas, mas a sua consciência foi vítima disso, não pintaram mais do que o reflexo ou o sonho, embora certos seres jamais pudessem abandonar a muito corporal e original ansiedade. Por essa razão todos os maus aproveitadores deste mundo pretenderam que eu estava louco e há mais de seis anos e meio que trabalharam com todo empenho para enclausurar-me num Asilo de alienados. Com o intento de viver no outro lado do eu, e todas as minhas obras escritas: *Pesa-Nervos, O Umbigo dos Limbos, A Correspondência com Jacques Rivière, O Teatro e seu Duplo*, as *Novas Revelações do Ser*, a *Viagem ao País dos Tarahumaras*, não são mais do que a relação desta viagem, acabando por adquirir a percepção INGÊNITA de algo completamente essencial e esta coisa é que corresponde ao tempo concertar o encontro absconso de princípios em luta desde a eternidade. E a consciência humana vislumbrará um dia (há de vê-lo) *às claras* e do mesmo modo que vê o sol, as estrelas, as árvores, os rios, verá *nitidamente* o que é Deus. Acredito sentir que esta explosão está muito próxima porque o puro lutar contra as forças malignas o Princípio Benigno atingiu o ponto em que já não pode senão explodir. Quando o vir, Jean Paulhan, sei que o reconhecerá porque sua alma, uma das mais belas que encontrei na terra, nunca deixou de ascender sobre ela.

Tento escrever para você um artigo intitulado *O Peyotl e o Pecado*. Mas não consigo. Minha alma está cansada e pensar me custa muito. Estou privado de muitas coisas essenciais nestes tempos de restrições. Por outro lado disse-o numa nota que antecede o artigo e receberá ao mesmo tempo que este. O pequeno pacote que anunciara não chegou. Houve um descarrilamento ferroviário e não é impossível que tenha desaparecido no acidente.

Seu e com todo meu afeto, meus mais afetuosos pensamentos e minhas saudações a Germaine Paulhan.

Antonin Artaud

Rodez, 29 de janeiro de 1944

A Roger Blin*

Havia escrito a Anne Manson que queria vê-lo, mas também escrevi a você para o Teatro Vieux-Colombier uma carta em que expunha coisas importantes. Espero que não tenha se extraviado. Teria que reclamá-la.
Não, sei perfeitamente que não me abandonou, e não deixei de *sentir* seus pensamentos e sentimentos à minha volta. Mas na origem da nossa separação há uma grande injustiça, e sei que em particular *você*, caro amigo, manteve no fundo de si mesmo o sentimento de escândalo com o drama que começara esta história. Se volto a lhe falar, Roger Blin, é porque o drama acabou. Algumas pessoas entre as que o provocaram já morreram, em especial Grillot de Givry. Você sabe que ele dirigia um grupo de Iniciados, que vivia no primeiro andar da avenida Victor Hugo 5, um belíssimo apartamento e não sei, ou talvez saiba demais, por que Grillot de Givry e seu grupo viviam metendo o nariz nos nossos assuntos. Sofri muito e você também. Ele morreu em 1939, foi o dr. Fouks, interno de Ville-Evrard, onde estava naquele ano, e um dos raros amigos com quem podia contar, que informou-me sobre a morte. Também sabia que Grillot de Givry não era mais do que um pseudônimo literário, ele tinha outro nome. De maneira oculta

---

* Ator e diretor francês.

mantinha relações estranhas com Louis Louis-Dreyfus, diretor de l'*Intransigeant*, banqueiro judeu e negociante de grãos.

Penso que tais coisas devem dizer-lhe algo, e sobre isso há de rever muitas recordações clandestinas. Inquira suas lembranças, caríssimo amigo, sua memória inconsciente a propósito dessa história de Iniciados e verá como certos fatos injustos e inexplicáveis ou indignos da nossa *dolorosa* vida se espairecem!

A moral de tudo isso é que sofremos terrivelmente e continuamos sofrendo, mas a nossa desgraça atual dos tempos assombrosos que vivemos provém de uma causa extra-histórica, e um problema sério se entranhou nas nossas consciências em 1937, o problema se une a fatos e à desoladora escuridão dos tempos. Continuamos vivendo, mas o problema não foi resolvido. No que consistia? Num problema religioso e moral, embora inerente aos nossos músculos e nervos. Solucionei isso ao converter-me, voltando a Deus e adotando todo o mais puro rigor do ensino da Igreja de Jesus cristo. Percebi que para voltar a encontrar a consciência, as forças da virtude do indivíduo, teria que ser *casto* e puro. Só assim a alma regressa a nós e com isso uma força espantosa de infinito e todo o resto é apenas aparência ardilosa, ilusão de atuar e de ser em vida. Mas os homens em geral não desejam esta ideia de infinito, não vivem mais do que o finito e a morte e quando isso é dito a eles acusam alguém de loucura. Se têm algum poder social fazem com que seja preso ou internado. Todos os amigos e semelhantes de Grillot de Givry, Louis Louis-Dreyfus não morreram. Politicamente eram nomes ínfimos. Porém os nomes de personagens que estão em evidência: Churchill,

Roosevelt, Stálin, nem sempre são os que dirigem as coisas na realidade. Por trás dos fatos que vivemos há muitas zonas obscuras e tenebrosas. Acredito que a solução do conflito em curso virá de um ponto completamente imprevisto. Mas creio sobretudo que Deus tem algo a dizer neste assunto. Pense nisso, caro amigo, Ele dar-lhe-á a força necessária para o nosso próximo encontro.

Um abraço do fundo do coração.

Antonin Artaud

Rodez, 30 de janeiro de 1944

A André Gide

Caríssimo André Gide,

Durante os seis anos e meio que estou separado do mundo e dos homens tive a oportunidade de pensar em todos os que fizeram algum bem em minha antiga vida. Com uma emoção particular lembro da amizade e da solicitude que você me dedicara em várias circunstâncias da minha atividade e trabalhos. Hoje, esqueci tais trabalhos, e de minha vida de outrora não me resta mais do que o afeto de certas pessoas que o demonstraram por mim, com o espírito desinteressado. Fora da literatura, da poesia e do teatro todos tivemos que lutar contra algo e, como você afirmara de maneira tão certa, é no plano moral que se resolvem os problemas, inclusive os da inteligência, do gênio, da natureza e o seu valor. Para ser grande e para ser alguém é preciso ter antes de tudo uma boa consciência. Tudo o que não houver passado por este filtro da consciência moral não se sustenta, principalmente a qualidade transcendental de um dom é gerada pelo mérito próprio que tivéramos de lutar contra nossos ímpetos negativos. É fruto da consciência. Digo-lhe isto muito mal porque já não sei escrever e muitos sofrimentos alteraram minhas ideias. Mas você compreende o que quero dizer e ao que me refiro. Quer dizer, André Gide, que você sempre se comportou comigo como cristão e o Amor que dedicou-me regressou a mim de forma inesquecível. Sofro por não o ver mais. Tempos atrás *ajudou-me a viver*, André Gide, e não poderei agradecer-lhe o bastante. Poucos dos que nos rodeavam tinham consciência ou souberam conservar a consciência do combate horrível que encetávamos em torno e sobre a literatura, a política e a arte. Mas você jamais esqueceu. Não definirei, pois aqui preciso de palavras, não de conceitos nem percepções boas ou execráveis. Trata-se de invasão da asfixia que não cessam de operar em nós nas realidades ultraconscientes ou subconscientes das quais os homens se retiram aterrorizados. Comumente a consciência humana não se fixa no pré-consciente.

Mas recordo uma página sua, publicada no número da N.R.F. de novembro de 1935, segundo creio, em que descreve um destes estados desvelados que a vida comum recusa, mas que o Sobrenatural penetra em nós com o tempo. Dizia aí ter visto passar como em sonho, mas não era sonho, a figura de São Miguel. Esta Manifestação de outro mundo, a surpreendente aparição do Paraíso na terra, teve lugar a dois passos da Biblioteca Sainte-Geneviève onde estávamos naquele dia com Jean Paulhan, René Daumal e outros amigos. Os réprobos qualificaram isto de alucinação, disseram-lhe isso, *e não pararam*, mas os homens de Boa Vontade sabem que não se pode sonhar sempre e por fim há que decidir-se um dia a viver o Sobrenatural quando procede de Deus, contra o Real invadido por Satã. Por isso lhe escrevo, André Gide, porque sei que há de fazer o possível para encerrar a libertação da minha consciência, que já não resiste mais.

Antonin Artaud
Asilo de Rodez | Rua Vieussens 1 | Rodez | Aveyron

Rodez, 1 de fevereiro de 1944

A Jean-Louis Barrault

Meu caríssimo amigo,

Escrevi-lhe para a *Comédie-Française* na estreia de *Le Soulier de Satin* (O sapato de cetim) há três semanas ou um mês e pergunto-me se recebeu essa carta. Deveria reclamar. Jean-Louis Barrault, não suporto mais a distância que nos separa nem a impossibilidade de ver aqueles que me são mais caros. Sei que não esquece-me e pensa em mim, porém vejo que a vida o prende com muitas obrigações, angústias e desassossegos que o impedem de dar-me o sinal que espero de você. E acaso o detenha com falsos encantos, ilusões capciosas e que você não seja aniquilado. Durante seis anos e meio de enclausuramento passei o tempo lutando entre o falso e o verdadeiro aspecto mental. Mas agora basta. Não aguento mais este eterno debate comigo mesmo. Também *eu preciso viver*. Preciso de ar e de alimentação que estes tempos de restrição e guerra já não permitem encontrar em parte alguma. Até quando se estenderá esta situação infame? Perdurará até que um certo número de homens, entre os quais você se encontra na primeira fila, sabendo do que se trata. E se escrevo-lhe é porque agora, Jean-Louis Barrault, é necessário encontrar *a qualquer preço* a memória de algo. Um problema antigo se criara em nós desde os princípios conscientes da nossa existência *e sob o qual vivemos*. Devemos nos esforçar para abolir o curso das coisas e virar os fatos do avesso. É possível com a pureza e a sinceridade perante si mesmo e diante de Deus. Não podemos esquecer Deus. Meu caro amigo, isto não é um sermão mas a Verdade que pela pressão das dores e do isolamento acabei percebendo toda a objetividade da sua essência. Vejo que todos os que vivem ao meu redor sequer têm consciência da sua própria vida. Porque viver não é seguir timidamente o curso dos fatos, na rotina habitual deste conjunto de ideias, gostos, percepções, desejos, fadiga, que se confundem com o próprio eu e com os que se saciam sem procurar mais longe. Viver é superar a si mesmo, e todos os homens não fazem outra coisa senão entregar-se a si. Houve nesta vida, na real e na de outrora, anterior a 1937, períodos extraordinários em que vimo-nos acima de nós mesmos e aqueles em que Deus *adveio de verdade*. Os homens *esqueceram* isso, daí não compreenderem esta guerra e pensam que pode perdurar. Convém aos homens de ímpeto, entusiasmo e de Fé, como você, Jean-Louis Barrault, reanimá-los, não no teatro e em imagem, mas na vida, *na realidade*. Um abraço.

Antonin Artaud

*Rodez, depois de 5 de fevereiro de 1944**

A Gaston Ferdière

Tive um sonho estranho a noite passada. Estava diante de uma mesa negra e vi-o entrar como num gênero de serosidade submarina, como a sombra de um coração perdido para mim cujo coração fora rechaçado para fora da moral e dos limbos de não sei que virtualidade mais distante de tudo que possa perceber, com o intuito de servir-se deste coração e do seu ser com outro fim e com outros atos diferentes dos que ele próprio *pensara*. O homem que estava à minha frente e falava comigo com um rosto fúnebre ameaçando-me, porque ele devassara o problema da remota perda do meu coração e do seu e por tê-lo devorado continuava a viver. Dizia-me: eu preparei... tive dentro do meu coração a percepção de uma estranha mescla onde intervinham serosidades calcáreas, de nafta, enxofre, cera, pó de mármore e cimento imaculados mas destilados por correntes extraordinárias. Neste instante vi como que colapsar uma flor morta, a flor de um coração esmaecido antes do tempo e da entrada deste homem que através dele o impensado criara um eco e dizia: não foi isso que lhe preparei. Tive outra ideia antes de penetrar neste mundo, está sob a tumba e as irrupções que formam o ser acima de mim.

Vivo e você vive, sr. Ferdière, na angústia de um mais além que se consolida em ditames pronunciados em nossos sonhos

---

* Carta publicada em *La Tour de Feu* (A Torre de Fogo), *Obras Completas*, X, 196-197.

mas que nos sufocam no real imanente. O mundo não compreende isso. Estamos cercados por idiotas, aproveitadores, e ruínas que jamais quereriam ouvir o seu coração, e aqueles que como você possuem um coração, como você e como eu têm um coração, veem-se derrapar a todo momento no precipício da estupidez imortal que não para de nos asfixiar e o vômito impuro da estupidez obriga-me a tapar o nariz diante do azul.

[sem assinatura]

Rodez, 10 de fevereiro de 1944

A Annie Besnard

Minha querida e muito amada Annie,

Há um homem, claro que existe mais de um que tivera uma influência má em sua vida, sem o qual não teria me abandonado e esquecido como fez há três anos.

Só a castidade mantém a minha alma, o Mal a extravia. Se você tivesse tido sempre a mesma alma não entendo que pudesse ter deixado de pensar em mim. Eu que sempre a amei e continuo a amar sua alma como se fora minha irmã menor jamais deixei de pensar em você um só dia nestes três anos que não a vi nem tive notícias suas, mas me pergunto, Annie Besnard, se ainda conserva aquela alma extraordinária que vi e sempre existirá. Quando cedemos ao Mal acredita-se ficar idêntico a si mesmo mas tudo muda e paulatinamente nos transformamos em outro, tudo o que se chama alma sai de nós e um dia nos damos conta disso, mas já não somos mais do que o duplo de nós mesmos, um Duplo, e assim é como os demônios são criados.

Sei perfeitamente que na profundeza de si mesma você não me esqueceu em absoluto, mas esta vida, veja bem, transcorreu nos separando do nosso fundo verdadeiro, pressionados para viver com o espírito de outro nos conscientizamos de que perdemos o céu, a verdade, Deus, e estamos todos no inferno. Porque o espírito deste mundo e desta terra deplorável penetrou em nós com a influência abjeta e o espírito se entregou ao inferno.

Para ascender ao Céu há que ser puro. E para mim o Céu é o Amor com dignidade, o sacrifício de si e a nobreza. Quem pode viver sem Amor? Forçados a viver uns com os outros como animais, os homens esqueceram o Amor. Porque amar à maneira terrestre, que é sob às ordens da sexualidade e de Satã, é na realidade cumprir um ato de ódio e este está em qualquer parte do inconsciente dos seus gestos, dos pensamentos, sentimentos e das suas ações, este mundo acabará, naufraga neste instante numa guerra civil e na revolução generalizada.

Chegou a hora, Annie, de subir a colina e reagir absoluta e totalmente. Não amanhã, mas agora, se não quiser ser apanhada e afogar-se numa onda. Sei que as influências más dos tempos terminaram e a levaram a crer que exagerara com meus sonhos perpetuamente apocalípticos e que para muita gente sou o que os homens chamam um falso profeta e um profeta da desgraça, ademais foi por esta razão que fui encarcerado como um estraga prazeres num Asilo de Alienados, logo completarão sete anos. Todos os que afirmam que estou doente fazem parte deste mundo sem alma responsável pelo nosso inferno e o Mal, de forma tão intensa que na atualidade o esqueceram. Aconteceu uma história terrível, Annie, no início do meu internamento e me angustia ver que você acabou por esquecer. Lembre a este grupo de Iniciados da polícia subalterna dirigido por um tal L.L.D [Louis Louis-Dreyfus], que vivia na avenida Victor Hugo 5, que se imiscuía nos nossos assuntos e aparecia sempre em Montparnasse e outros lugares. Se não houver fim nesta desordem, conscientizando-a primeiro e aniquilando o Mal, essas histórias de Iniciados e polícia que *tanto me fizeram sofre*r hão de voltar. Agora estão mortas e esquecidas. Aqui em Rodez, onde não tenho mais do que amigos, estão distantes de mim. Mas o Mal não soltou a presa, Annie, eu que vivo só e cara a cara comigo mesmo vejo-o sem parar, como vemos pessoas, a natureza e o sol. O Mal é um sol negro e sei que voltará a aparecer. Acontece que isso será a qualquer momento. Os iniciados do Mal existem. Falávamos sobre isso com o dr. Fouks em Ville-Evrard, em 1939 quando morreu Grillot de Givry. Sei que se preparam em silêncio e ardilosamente. Estão por trás de todas as guerras e revoluções, e um dia verá de novo suas hordas pelas ruas tal como em 1937. Quem lhe disser que sou um visionário e alucinado faz parte disso. Rezo incessantemente a Deus e a Jesus cristo, pois também existem os Iniciados do Bem. São Anjos que vivem em corpos humanos. Você ainda pode ser um destes Anjos, que um dia hão de sair da Bohemia para defrontar as hordas infernais sob as ordens de Jesus cristo. Creio que os tempos estão prontos. Além do mais, você mesma saberá ver.

Seu com todo meu coração que nunca a esqueceu.

Antonin Artaud
Rua Vieussens 1 | Rodez

P.S. Tudo isso me faz lembrar uma ótima história secreta que existe e na qual o Espírito do Céu participara, após ter sido assassinado pelos demônios e ao ver morrer estrangulada em seus braços sua irmã Germaine, ele disse: Irei buscá-la até nos infernos.

Rodez, 11 de fevereiro de 1944

A Gaston Ferdière

Meu caríssimo amigo,

Uma palavra mais. Gostaria de terminar de explicar minha alma, para que a sua se tranquilize sobre mim. E para que não faça reprovações que me inquietam e provocam medo. Não tanto por causa da minha saúde mental atual como pelo domínio que o Mal possa ter sobre você. Sei como se dedicara ao meu caso e à minha situação, e vejo perfeitamente que a emoção que lhe causa meu comportamento parte do afeto e da amizade que são a mesma coisa rara que experimentara em toda minha vida. É por isso que não desejo já meu caríssimo amigo que se escandalize por mim ou sobre mim. Observo como cada vez que faço algo fora dos eixos e da normalidade, você fica escandalizado. Hei de fazer, pode ter certeza, absolutamente tudo o que for preciso para que sua consciência fique tranquila. Não por acaso as circunstâncias aproximaram-nos há um ano como juiz do meu comportamento. Tem razão ao fazer observações e chamar-me a atenção cada vez que notar algo anormal em mim. Mas gostaria que me julgasse com alguma distância tendo em mãos todos os dados do problema. É por isso que escrevo esta carta. A magia e o exorcismo veja você estão muito distantes da minha consciência e se há nas modulações da minha voz algo que lhe lembre um Espírito Maligno quando canto corrigirei e o expulsarei dessas perniciosas influências, porque sinto um horror tremendo por tudo isso. Enquanto ouvia-o ontem perguntara-me se era o uso delirante da magia que atacava você em mim ou o espírito sagrado de que todas estas práticas mágicas e fetichistas são apenas uma deformação. Os exorcismos litúrgicos rituais da igreja católica não são um delírio, há um delírio que procede do sagrado e outro neuropático. Acredito que o espírito a se insinuar em você em qualquer circunstância e contra o que combate procura agora confundir suas impressões, e toldar sua sensibilidade da percepção crítica quando pensa em mim ou me julga. Entenda-me, está longe de mim a ideia de reprová-lo de alguma maneira. Gostaria apenas de adverti-lo sobre algo que vira e sentira em você e não mais do que aumentar minha amizade e o meu afeto profundo por você. Vi-o um dia sofrer diante de mim ao falar sobre epifenômenos e falsas crenças que atormentam e invadem a consciência humana. Senti e compreendi perfeitamente tudo o que neste instante sua alma me dizia. O que a mim falava como médico, esclarecera-me que você sofre como homem e não estava isento da invasão terrível da consciência humana por jorros de imagens falsas e torturantes oriundas do nosso inconsciente. Tais imagens insidiosas são o que a Igreja Católica chama de demônios. O seu ser diante de mim num ímpeto intenso de lucidez e afeto me dizia: "Os epifenômenos, as crenças aleivosas são demônios. Mas não há que acreditar neles. Os demônios não existem. Acreditar neles é fazê-los vir, atribuir-lhes uma existência, mas não existem senão no nosso pensamento, urge ter força de vontade para repeli-los e anulá-los. Eu como médico que passara muito tempo lutando contra tais mentiras não posso depois aceitar isso na alma. É com este dilema que a minha alma sofre hoje". Vislumbrei isto em você pois sua solicitude neste dia em relação a mim revelara uma angústia concernente à própria natureza das coisas e do destino. No que a mim se refere, caríssimo amigo, a melhor maneira de se libertar dos demônios que nos atormentam e tornam doentes era ser casto, porque é a prática da sexualidade a permitir que os demônios venham até nós, é o que acreditam dementes, neuróticos, perversos e criminosos. Os demônios são ideias lúbricas obscenas que transtornam o cérebro humano e estou convencido de que fora uma ideia como esta que Freud teve no fundo de si mesmo ao criar o termo científico de "libido" que atribui à sexualidade como responsável por todo o mal e a desgraça. Eis a questão que a mim se refere. Quando em 1937 abandonei o teatro, quis viver como um homem pobre e desinteressado de tudo — eu não era casto nem puro, não soubera recusar as ideias lúbricas, impuras, *eróticas*, que nos afligem, que a Igreja chama de *tentações* provocadas por demônios que alguém percebe em situações como imagens inexistentes do ar e sobre as quais deve-se evitar acreditar sob pena de ser considerado louco. Acreditar nisso não é apenas se interessar mentalmente neles, é dedicar-lhes a adesão medular e nervosa que provém do nosso inconsciente, por consequência do amor que lhe dedicamos e o nosso desleixo e a debilidade ante o erotismo e a lubricidade. Foi desta maneira que o Mal me subjugara quando quis expor minhas ideias religiosas e adquiriram um caráter de taumaturgia híbrida que desorientara muita gente, e os réprobos se aproveitaram disso para liberar seus próprios demônios acusando-me de delírio e magia. Se fosse puro tal não teria acontecido. Por essa razão eliminei tudo isso e me converti ao perceber que estava me perdendo. Tenho uma vida casta há anos e esforço-me para expulsar o Mal até o fundo da minha consciência. Permita-me que conclua este trabalho *moral* que além do mais se aproxima do fim neste momento.

Assim que terminar nada nas minhas atitudes e na minha vida poderá surpreendê-lo ou transtorná-lo.

Seu de todo coração

Antonin Artaud

Rodez, 21 de fevereiro de 1944

A Anne Manson

Veja bem, minha querida Anne, nestes sete anos de reclusão acabei por aprender muitas coisas. Acima de tudo comprovo outra, é que os seres ainda acreditam que estão vivos. Vivem com a famosa crença de que a vida pode durar e têm um destino a realizar nesta terra. Não creio em absoluto que seja deste lado da terra que cumprirão seu destino, na realidade a alma de todos eles já abandonou a vida. Para mim, os homens vivos, e isso há muitos anos, não são senão espectros, espectros de outro, o Outro que já não está aqui. Quanto mais passarem os anos, mais se tornarão espectros, quer dizer, *demônios*. Os demônios se obstinam em viver como se ainda fossem homens, quando são apenas demônios. Encontramo-nos nesta fase. Eu também. Passo o tempo a fazer regressar minha alma ao meu corpo, porque ela abandona-me obrigada pela desolação, o sofrimento e o horror. Este mundo é feio e os homens são vis e condenados. Não sabem e não querem acreditar. Embora seja a verdade. Tudo isto para dizer-lhe que sofro há sete anos e estou farto. Também eu preciso de um pouco de felicidade *terrestre*. Mas ESTA terra nunca conseguiu oferecer-me isso. Estou no meio de uma vida que não é mais do que um simulacro em que os homens não cessam de repetir as mesmas ladainhas sobre o amor, a generosidade, a bondade e a caridade, enquanto que no seu interior são impuros e na vida íntima se guiam como porcos. Já não há arte, literatura nem teatro nem poesia, não há mais do que guerra e fome em todo lado. No que a mim respeita há quatro anos não paro de ter fome. Se o jovem de que falou se sente perdido é porque na realidade já não é *ele mesmo*, e porque o seu *ele mesmo* o abandonou com a sua alma, deixou a vida, esta vida que não é visível para as almas em que não há mais do que corpos, apenas corpos e habitáculos de demônios. E não se pode viver num demônio. Mas é o que sucede a todos. Por quê? Porque os homens não param de fazer mal, quer dizer a impureza sexual. E como não quiseram compreender que a sexualidade em *si mesma* é o mal. Deste mundo sexualizado, Deus retirou as almas e já não estamos nele senão com nossos corpos, que, como lhe disse, são *demônios*! Não é possível expulsar o demônio de um corpo que traz o sexo sobre si, porque o sexo é o demônio, e é o nosso próprio corpo quem deve partir com seu sexo para que a nossa alma se torne purificada e a vida regresse aqui em baixo. Porque Deus a retirou. Respiramos, seguimos, voltamos, mas na verdade apenas pensamos, não pensamos: repetimos como algo novo o que antes foi pensado pelos vivos. Não somos senão espectros e uns mortos e por isso o mundo está tão mal. Inclusive para os mortos, ah, existe um tempo de decomposição e obscenidade, porque o mal não só apodreceu a terra como também as esferas. Quero dizer que a alma que desperta do outro lado da tumba também pode passar alguns momentos pelos horrores da decomposição, daqueles em que o obsceno é o suor infernal, ou melhor ainda a filha bastarda, porque o sexo é a má ideia psíquica nascida do espírito da putrefação.

Pois a noção de desparecimento das coisas foi *pervertida* um dia pelos homens, na antiguidade, anterior à queda do Éden.

Antes de Adão havia homens, mas não eram homens senão Anjos caídos. Deus os destruíra. Da mesma maneira que recriou as esferas e forjou logo o primeiro homem num mundo renovado. E também este homem caiu.

Para que a terra torne a ser formosa e nova perante nossos olhos, Anne Manson, para que você reencontre seus filhos com sua alma, e que sinta brilhar na alma ante eles e nesta terra, é preciso ser integramente *casto*, tanto corporalmente como no pensamento, e o contrário também. Então este Anjo ressurgirá em você, o Anjo do céu que nunca caíra e que sinto em seu amor por mim. Porque o amor só é amor quando é casto. O que amamos é uma alma, um coração, não um corpo. Os que amam um corpo, na verdade não são mais do que devoradores de cadáveres, o corpo é aquilo que sua e fede. O Amor da alma lhes parece repulsivo e tudo o que é corpo e se *decompõe* na atração corporal. Amar um corpo é perder-se em espírito e também perder o espírito. Foi assim que se formaram os demônios e os dementes. Minha alma não para de ascender ao céu e o meu corpo a cada segundo volta à terra, e o que compreendo por terra são os pensamentos depravados e nefandos e as necessidades abjetas do corpo. Não sou ignóbil e meu corpo é vil. Não deixo de lutar contra ele. Estou farto desta luta estéril, Anne Manson. No final a alma se perde querendo obstinadamente viver e lutar dentro de um corpo que fora fabricado e sonhado deploravelmente por demônios, que não cessam de voltar para sonhar nele a todo momento, contra nós e apesar de nosso, nas trevas de nosso subconsciente ou do nosso inconsciente, o que é pior. Esta batalha exaustiva deve findar e eu já não consigo. O que têm de fazer todos aqueles que me querem bem é desprender-se do mal em seus corpos, purificando-se do próprio corpo. Porque todos os pensamentos e os atos dos corpos albergados na terra por Satã e nos que não voltamos em alma senão para purificá-los de serem corpos, tais pensamentos e todos os atos regressam para encontrar-me aqui na solidão de minha alma, e os horrores do meu isolamento e luto contra o maligno pensamento geral, Anne Manson. Para esta contenda preciso de pão e uma alimentação saudável. Há sete anos que só como a miserável comida dos Asilos de Alienados. Logo completam quatro anos que *não tenho comida suficiente*. Sei do meu dever na terra, Anne Manson. É transmitir a todo mundo a obrigação de resgatar sua alma dos demônios, e deste corpo que é um demônio. No final todos os homens vivos voltarão a ser seres e não espectros. Porque agora não são mais do que espectros da sua alma que partiu. Foi embora porque se portaram mal e porque hoje, como no tempo da Bíblia, se entregaram a todas as abominações. Mas para que possa encontrar esta força preciso que meu corpo se recrie, e durante anos foi *envenenado*, maltratado e subalimentado. Deus pode realizar o milagre de restituir-me um corpo de anjo que não seja sexualizado. Mas não pode fazer isso se este corpo não superar o esgotamento fisiológico interno que produz esta debilidade em que o Mal se incrusta.

Por isso necessito de pão e rogo para que o arranje. O que pode fazer por mim nesta terra, minha querida Anne, é mandar-me *o mais rápido possível* um pouco de pão. Então se apresse.

Talvez esqueça que no início do meu internamento houve uma história imunda de Iniciados e que a polícia francesa quis se desembaraçar de mim por todos os meios após regressar da Irlanda e sucessivamente me *envenenou* em Le Havre, Rouen ou Sainte-Anne. Não morri com tais envenenamentos múltiplos porque ignoro que divino Milagre me conservou vivo e fez com que me mantivesse invulnerável a qualquer veneno, mas meu corpo jamais se recuperou e fui atacado por uma terrível debilidade nervosa e óssea que só poderia ser curada com o que quis trazer-me a Ville-Evrard e a impediram e também com uma alimentação saudável. Aqui em Rodez, onde não tenho mais do que amigos, salvei-me de tais perigos, mas os amigos não podem oferecer-me o que têm, devido a este regime de restrições. Se diante destas lutas cansativas e horríveis meu espírito ganhou luz e a horrível Vontade, meu corpo ao contrário não parou de esmorecer interiormente Todos os meus ossos doem-me cada vez mais e sem a minha Vontade espiritual meus nervos me abandonarão. Acredito que *agora* morreria sem socorro urgente, o bem estar e *comida*. Muitos que parecem gozar de uma saúde excelente morrem subitamente, porque suas almas não conseguiram lutar mais contra as deficiências ocultas do seu corpo, creio que faço parte deste grupo.

Sobre o jovem de quem fala, creio que sua alma, a consciência verdadeira de si mesmo, se encontra neste momento naquilo que os Judeus chamaram Sheol*, e que é este estado posterior à morte em que somos vítimas das tentações aliciantes dos espectros, larvas de demônios do que não quisemos ou

---

* Segundo a tradição hebraica, "a região dos mortos", ou o "mundo dos mortos".

pudemos ser, debilidade impudica do que tivemos a vileza de ser, quando sabíamos que não podíamos consentir no dito ser de perdição. Acredito que está morto e não sabe e procura o seu ser nesta morte. Mas penso que ao mesmo tempo sente em torno de si e no fundo de si mesmo a intraduzível e extraordinária voz do ser que já não é ou ainda não é, porque o mal amputou seu corpo de si mesmo e não permaneceu neste corpo que se vai, volta, pensa, caminha sob o atual nome de O'Brady mas *a consciência de que já não é ele* e não voltará a ser algo no mundo e quando este mundo desaparecer por completo do mundo e o substituir por outra terra vinda do céu. Este milagre fantástico sucederá. Tudo o que tem a fazer é SER CASTO e sacrificar o ser presente com a terra. Então se verá que o Anjo não caiu e regressará.

Com todo coração.

Antonin Artaud

O pensamento com o qual atuam os escritores não só atua segundo as palavras escritas mas também ocultamente antes e após o escrito porque este pensamento é uma força que está no ar e no espaço de todos os tempos.

Se não tiver o que comer normalmente todos se sentirão pior porque a força que dedico a sustentá-los para que vivam se esgotará e isso está acontecendo cada vez mais.

Rodez, 29 de fevereiro de 1944

A Robert Beckers*

Caríssimo amigo,

Não acredito que se surpreenda ao receber uma carta minha nas atuais circunstâncias, não falo apenas das circunstâncias políticas, mas das circunstâncias *morais* e espirituais em que nos encontramos. Escrevi-lhe há mais de um ano e nunca recebi uma resposta e perguntei-me o que lhe teria preparado a vida.

    Nos sete anos que estou internado não esqueci nenhum dos meus amigos e não passou um dia em que não voltasse a vê-los no pensamento e não rezasse por cada um deles. Meus amigos são tudo o que amei na terra, e seu número foi determinado e agora encerrado. Sei que não vim para Rodez senão para encontrar os derradeiros amigos que ainda me restavam aqui. E os encontrei. Embora em todos os Asilos por que passei fora maltratado e insultaram-me, há um ano que em Rodez não vejo senão sorrisos ao meu redor. Sei que Robert Denoël foi de fundamental importância no movimento que arrancou-me do meio moral hostil em que me encontrava em Ville-Evrard instalando-me aqui, posto que se dizia por aquela época (um ano) que ainda não poderia obter a liberdade.

---

* Robert Beckers trabalhava na editora Denoël.

Sei que neste momento não é feliz, ignoro como seja sua vida atualmente mas vejo como a de um insatisfeito que cada dia contempla a maneira de executar os movimentos para viver e se interroga por que os faz e ao que corresponde sua vida na atualidade. Não sei se você pensa amiúde em Deus, mas sei que sua alma pensa nele, e o estado em que se encontra é o que se chama precisar de Deus, ainda que o desejo por algo distinto à existência deixou de atormentá-lo. Sei que ao ver esta vida repugnante não acredita em nada mais da vida. Lembro uma conversa que tivemos na avenida Bourdonnais 60, creio que em 1927, na qual concordamos em muitas coisas essenciais, talvez ache que esta conversa ficou para trás e se interrogue por que lhe escrevo. Escrevo-lhe porque gosto e preocupo-me com você. Já lhe disse que meu círculo de amigos está encerrado. E gostaria de lembrar-lhe que todos os que amamos constituem uma grande família sobre a terra, a família de todos os que dispuseram o Amor, a Caridade, a Piedade e a Pureza acima de tudo, um dia fizemos essa promessa. A promessa consistia em reunirmo-nos e voltar a nos encontrar numa data a fixar, quando por fim as coisas parecessem invisíveis e demasiado más, juntos e através de todos os meios elevar-nos rumo a novos céus.

Pode ser que tais ideias e promessas lhe pareçam agora um velho sonho falido, mas eu não sonho quando me vejo internado há sete anos por ter tentado manifestá-las. Caro amigo, sei que a vida e o tempo passaram por suas consciências e fizeram perder o sentido deste ideal de rebeldia contra a realidade e do que a maioria não quer saber. Contudo, é este o ideal dos Santos que a vida fez, e esta se separou logo deles e quis viver como se de fato o Sublime não existisse e não fora a mesma essência e a condição do Devir. Por isso atualmente está nos abismos. Nunca mais voltará a ascender a menos que o Sublime regresse de fato aqui em baixo. Você, Robert Beckers, que carrega um grande coração e não veio à vida do mundo apenas pelas razões que o coração tem para nascer e fazer nascer nele, não nos encontramos mais do que pelo sentimento que você tinha da Verdade infusa das coisas, que essa Virtude se manifeste na Nobreza de uma obra rara na pintura ou na poesia, ou pelo valor de um ímpeto afetivo como os que teve várias vezes por mim quando pertencia à vida livre, você, digo, que é uma consciência, e a consciência jamais pode esquecer por mais que a vida, o tempo, o mal do ser tenham tentado levá-la a fazer outra coisa, seria a hora de reagir e encontrar a si mesmo. Porque eu necessito de você. Um só e autêntico olhar no seu interior lhe revelará muitas perversidades dispersas e o incitará a ressurgir por fim. Pois se este mundo está irremissivelmente perdido, a vida dos mundos não está. Após a destruição de um mundo resta a vida do infinito.

Tudo isso para pedir-lhe que se lembre de mim, que entre a abdicação geral da consciência que atualmente assistimos me segure com todas as forças para nunca soltar a presa e manter intacto meu coração. Não posso passar a vida num Asilo de Alienados. Sei que meus amigos esperam muito de mim e preparei-me durante sete anos de provas, de solidão e de silêncio para lhes dar alguma satisfação, mas se não decidem reclamar por minha condição todos juntos, não vejo como poderei sair daqui. O grande ideal dos Santos cristãos precisa da terra para se realizar. Porque tal como dizem os livros e assim como aprendi sofrendo, é na terra onde se deve estabelecer o Destino definitivo dos céus. Por certos sinais que reconheci aqui e ali e contidos na Profecia de São Patrício, parece-me que se aproxima e logo chegará o momento em que cada um deverá escolher em seu coração *e sem seu corpo* entre cristo e o Anticristo. Há uma página de Santa Hildegarda que descreve uma situação do mundo que se assemelha estranhamente à que vivemos. E esta situação deve preceder segundo ela a chegada de uma renovação total do mundo e dos mundos, na hora em que cristo e o Anticristo entrarão em conflagração. O Apocalipse é a renovação fundamental das coisas e ao vermos as coisas de perto como as vemos, não se pode acreditar que estamos na véspera de tão colossal destruição, mas quando nos damos conta de que as coisas estão usadas, murchas e velhas e sem a vinda ou a manifestação de Deus jamais poderão remontar a corrente. Porque *a alma se foi hoje*. Não resta nada dela e não se vê como o que se diz, se faz, se vive, se pensa, poderia se renovar sem a presença de Deus. O homem está muito mais doente do que acredita, sua vida exterior é uma catástrofe mas a vida interior é um monte de impurezas. Cada vez mais quero ser casto. Devido aos que traíram a *castidade*, os homens sofrem atualmente e suas ações lascivas mancham insidiosamente a atmosfera de um mundo consagrado à condenação. Só Deus pode purificar o seu coração e devolver a paz e a felicidade à terra, com o regresso de uma Alma Imaculada.

Afetuosamente seu.

Antonin Artaud
Rua Vieussens 1 | Rodez

Rodez, 2 de abril de 1944

A Gaston Ferdière

Orei por você na Missa de Ramos porque desejo que seja bom e que nossa amizade não acabe nunca. Contudo, agora se afasta porque não me compreende de todo e sempre há em minha vida algo que escapa a você. Minha dor maior aqui é que não tenha ido a fundo na minha consciência como seria necessário para proporcionar-me a justiça total e assim cumprir com o seu dever. Salvou-me ano passado mas no fundo do seu inconsciente permaneceu algo que jamais admitira totalmente minha atitude moral e os motivos do meu comportamento. Se tal não houvesse você não me constrangeria com cenas periódicas de reprovação desabonadoras e desconcertantes para mim porque rondam sempre em torno de coisas inexistentes e que o seu espírito demasiado sensível aumenta muito. Quando falei a senhora Alo que me reprovaram ao fazer signos cabalísticos e a pronunciar a palavra Satanás ao passar diante dela que caiu na gargalhada perguntando-me sobre quem inventara tantas calúnias imbecis. Por outro lado me parece que você não consegue suportar o amor que dedico à senhora Régis. Todavia um amor desinteressado jamais prejudicara alguém e quando se deseja uma pessoa com o coração não se pode ter ciúmes do amor que outro professa. Ao contrário, *se a pessoa é feliz por isso*. É o prazer pela sexualidade que envenena as relações humanas e cria no plano afetivo um antagonismo que não existe. Você me censurara com veemência por ter escrito à senhora Régis que era uma Santa, tal exagero só existira na sua imaginação pois jamais lhe escrevera nem disse algo similar senão que a convidara a ser porque o coração e a elevação da consciência que percebera nas coisas mínimas da vida me maravilhavam e queria suscitar nela um ideal de sublimação naquilo que os homens não pensam nunca porque uma mulher é para eles só um animal criado para satisfazer seus mais baixos instintos e que só tentam conspurcar com seus desejos obscenos. Jesus cristo acolheu um dia uma mulher de má vida chamada Maria Madalena e a elevou pelo seu amor às alturas da Santidade. Não sou Jesus cristo e a senhora Régis não é uma mulher de má vida, pelo contrário e longe disso. Não sou mais do que um homem sem meios e virtudes não tenho à minha disposição nenhum meio sobrenatural de ação. Mas tal como você afirmara em seu juízo tenho uma Missão e uma função aqui em baixo, consiste em libertar as consciências das banalidades e infâmias da vida e transmitir-lhes o ideal do que os afasta do peso da vida. Este ideal é inseparável para mim da ideia de Amor\Caridade que Jesus cristo apregoara e se opõe em todos os aspectos do exercício amor-sexualidade que se transformara na noção exclusiva do amor na consciência do homem de hoje. Deus pedira ao homem a caridade do amor eterno e o Homem devolvera-lhe uma ideia do amor criada para porcos. Porque o amor sexual é sempre temporal e passageiro e não consegue vislumbrar para além do finito. Meu único dever neste assunto é ser puro e ampliar este ideal de pureza inseparável ao meu redor. Mas preciso que os amigos me ajudem e nenhum me ajuda. E é em você dr. Ferdière em quem penso ao falar isso. J. K Huysmans disse em *La Cathédrale* ou em *l'Oblat* que os claustros são barreiras infranqueáveis de orações às arremetidas do Mal e do pecado, e minha dor aqui é observar que em torno de todos os esforços que faço para manter a pureza de consciência meus melhores amigos *ao não quererem se manter castos* continuam a erguer ao meu redor uma trincheira de pecados. Tenho na terra certo número de amigos que elegi minuciosamente pois não quero mais do que almas excepcionais. São o mínimo da pureza necessária em torno de mim para me permitir realizar meu trabalho terrestre preservando-me por sua própria pureza dos ataques do espírito maligno. Isso meu caríssimo amigo é uma ideia mística elementar pois o amor protege de todo o mal porém o detentor do amor deve ser por sua vez mais puro, pois sem isso o mal se apodera dele e o amor se extingue. Sem o mínimo de amor puro não me é possível viver nem encontrar a minha completa força de ação. O derradeiro favor que espero de você é que me compreenda neste plano evitando ferir minha consciência como o fez nestes últimos tempos com reprovações que não descansavam senão na inquietude e sua própria doença porque não está ilibado de todo o mal, evitando também que eu enlouquecera com a perspectiva de tratamentos angustiantes que é tudo o que o Mal espera para se lançar sobre mim. Pois consegui me reerguer outra vez após três meses de angústia, delírio, confusão e esquecimento. Não conseguirei fazer isso outra vez porque minha alma já foi suficientemente maltratada e *martirizada*. Neste momento um drama inominável grassa sobre a terra em que homens lutam entre si sem razão porque jamais tiveram o sentido de descer até o fundo do drama da sua consciência não é o momento de abalar um espírito que nunca tivera outro pensamento senão obter à luz do drama da sua consciência, com o intuito de ensinar os outros a distinguir as coisas e destruir os inimigos interiores. A inimizade entre os países depende desta inimizade que cada homem traz dentro de si, ele mesmo por si mesmo. Nenhum homem vivo quis até hoje fazer os sacrifícios necessários para solucionar este problema, se não houver uma solução jamais haverá paz. Meu único desejo agora na terra é ajudar os homens e meus amigos a aceitarem os sacrifícios para granjear a verdadeira paz.

Afetuosa e fielmente seu

Antonin Artaud

Não esqueça de assinar a autorização de saída que prometeu-me quinta-feira passada. Não faz ideia o bem que me faz ao passear em liberdade.

Rodez, 21 de abril de 1944

A Pierre Souvtchinsky

Caríssimo amigo,

Antes de minha partida para a Irlanda você fez-me uma promessa e quero lembrar-lhe, porque esta história do internamento durou tempo demais.

Foi num dia de 1937 em que encontrou-me combalido diante de la Coupole após uma terrível briga de rua, ao recolher-me do chão com a ajuda de Ligeia Laval. André Breton estava entre a multidão também havia um certo número de pessoas que não gostam de mim e de quem salvou-me com sua intervenção. Depois destes fatos que deve ter acreditado como todo mundo que eu estava doente e que o meu internamento atual, e já dura sete anos, é um assunto médico, para mim é motivo de desespero, pois vejo que até meus melhores e mais queridos amigos esqueceram a terrível história do Báculo de São Patrício, pretexto da minha partida para a Irlanda e acabou com meu encarceramento e o internamento, este era o báculo que tinha nas mãos e que você viu pessoalmente em Paris. Fui recriminado pela polícia e a administração no fundo por ser um bruxo, admoestação que continua, pois ainda acusam-me periodicamente de praticar magia, quando sou só um Cristão que reza a seu Deus Jesus cristo e que sobre magia nunca teve a menor ideia na cabeça senão sobre Cristo. Se fui encarcerado, internado, expulso do mundo e da vida e se a administração francesa, representando assim o pensamento geral dos maus governos atuais da terra, quis desvencilhar-se de mim desta maneira, e isso se deve ao meu amor por Cristo e por seu Filho, que é Jesus cristo, e porque este amor quis ser virtuoso e manifestar-se em palavras e atos. O fato é que minha ideia religiosa de castidade, que é absoluta e exclusiva e me leva a rejeitar repetidamente aos homens a sua impureza, porque é o uso da sexualidade humana o que nos céus não para de causar a morte de Deus. Sei disso e aos homens não lhes resta outro meio de desembaraçar-se de mim, agora que já não tenho forças sobrenaturais como em Paris de 1937, ou na Irlanda, acusam-me de ser iluminado e um delirante. Você que conhece a verdade sobre as manobras infames e assombrosas produzidas contra mim, seria o momento de lhe confessar ao vir aqui demonstrando que não minto e não estou louco e empregar os meios materiais de que dispunha em 1937 para libertar-me.

Um abraço

Nanaqui
Antonin Artaud

Rodez, 25 de abril de 1944

A Adrienne Monnier*

Querida amiga,

Sei que gostava do que Antonin Artaud escrevia, porém se de fato o compreendeu com a alma e o coração, e não só mental, intelectual e cerebralmente, deve crer no que agora vou dizer-lhe e não cometer o erro criminoso e atroz dos médicos da administração e da polícia francesa, que se obstinam em *querer* tratar-me como um neuropata e alienado porque minha vida é o exemplo vivo da existência de todos os estados sobrenaturais de que a literatura e os livros discutem sem conhecê-los e que os homens odeiam porque odeiam o sobrenatural, o maravilhoso e Deus. Já não sou Antonin Artaud porque não tenho seu eu, nem a sua consciência, nem o seu ser, ainda que habite o mesmo corpo que ele e civil e legalmente apresente o mesmo nome e esta carta está assinada com esse nome porque nesta terra não posso ter mais nenhum. Não obstante, recordo toda a minha vida ponto a ponto, embora saiba que na realidade não a vivi e creio que só me restou uma certa memória corporal pelo fato de estar no mesmo corpo, mas minha consciência é a de alguém distinto que ninguém

---

* Escritora, livreira e editora francesa, exerceu muita influência em Paris das décadas de 20\30.

quer reconhecer e todo mundo se enfurece ao negar. As vidas sucessivas existem, mas aquele que casualmente comete a falta de recordar-se publicamente e proclamar isso é encarcerado, torturado, preso numa camisa de forças, envenenado e em seguida tratado como monomaníaco e de loucura persecutória, assim como diletante e alucinado por se lamentar de tudo isso. Foi o que sucedeu comigo. E ainda sucede, mais ainda quando completo sete anos de luta contra uma monstruosa coalisão de magia negra que você conhece muito bem porque presenciou-a e hoje sexta-feira 28 de abril às dez e meia da manhã testemunhou comigo o suplício de Santa Joana D'Arc e o esquartejamento de católicos ingleses no Renascimento por ordem de Henrique VIII e Isabel. Nos livros isto é bela e delicadamente saboreado pelo diletantismo dos leitores, mas assinado como *verdadeiro* por um homem como eu, merece o internamento, a camisa de força, injeções antisifilíticas e os tratamentos elétricos de choque para tirar-lhe do espírito todas estas ideias loucas. Você divaga, meu filho, vamos curar o seu ser. O maravilhoso não é deste mundo e jamais o vislumbramos. Além do mais você se entrega a práticas mágicas e acredita que vê demônios! Chegamos até aqui. Você que conhece a verdade, Adrienne Monnier, confesse-a, fará um ato de justiça e certamente Deus lhe devolverá porque existe e é verdadeiro e não Mítico, apesar do que este mundo de demônios pensa sobre o que vivemos e que nos tortura porque cremos em Deus. Fielmente seu.

Antonin Artaud

Rodez, rumo a 20 de maio de 1944

A Gaston Ferdière

Compreendi caro sr. Ferdière a razão do seu descontentamento sobre mim mas gostaria antes de cumprir o irremediável dirigir-me uma última vez ao seu coração para reencontrar em você o amigo que me ajudara e trouxe-me para cá e não levara-me ao médico da Administração que é a causa do meu sofrimento há sete anos enquanto o amigo levantara-se um ano atrás contra a injustiça deste suplício e quis acabar com isso. Creio sr. Ferdière que existe em si um amigo que gosta de mim e compreende-me e é você mesmo, um homem com a ideia de tratar-me para destruir-me. Quer destruir-me porque não sei que misteriosa inveja o move. Este homem não é você mas ressurge cada vez que o amigo pensa haver algo para reprovar-me. Neste momento censura-me por esconder-me de você e é sempre por isso desde que vim para cá. Mas vejo aí cenas de cuidados amistosos do que a reprovação crítica de médico. Não compreende alguma coisa do meu mundo interior, e é contra outras pessoas saberem disso senão você. Contudo, isto vai contra as minhas intenções. Desejei sempre trazê-lo até minha esfera poética mas percebi que não acreditava nela e foi o que encerrou meu coração. Os estados místicos do poeta não são delírio dr. Ferdière. São a base da sua poesia.

Tratar-me como louco é negar o valor poético do sofrimento que desde os quinze anos surgira em mim perante as maravilhas do mundo do espírito que o ser da vida real jamais pudera realizar; foi a partir deste sofrimento admirável do ser que extraí meus poemas e meus cantos. Como não pode amar a pessoa que sou o que ama em minha obra? É do mais fundo de mim que arranco meus poemas e escritos que tanto gosta. Todo poeta é um vidente. Foi deste iluminismo que Rimbaud tirou *As Iluminações* e a *Temporada no Inferno*. E William Blake vislumbrara no mundo místico do Espírito o objeto de todas as extraordinárias visões transcritas no *Matrimônio do Céu e do Inferno*. Se não acreditasse nas imagens místicas do meu coração não conseguiria dar-lhes vida.

Creio no Céu sr. Ferdière ainda que não acredite no inferno e acho de uma impiedade indigna tratar como delírio as imagens que crio do céu.

Desde os quinze anos não parei de ver próximo a mim Jesus cristo e a Virgem Santa e nunca escondi isso a ninguém e na época em que era o poeta Antonin Artaud e estava livre toda Paris sabia das visões místicas que eu tinha. Descrevi-as a você mesmo em Paris em 1935 e não entendi naquele momento o que encantou o sr. Gaston Ferdière interno do Hospital e a gostar do poeta e místico que era e fosse tratado hoje como demente pelo dr. Ferdière Médico Diretor do Manicômio de Rodez. Prometera-me em Paris defender-me sempre e disse-me que meus estados místicos eram verdadeiros e não delírio doentio que cairia numa época de crime, ignorância e loucura para tratá-los como doença. Suplico-lhe que se lembre da sua verdadeira alma e entenda que outra série de eletrochoques me arrasaria.

Creio que o deseja em consciência.

Antonin Artaud

Rodez, 25 de agosto de 1944

A senhora Artaud

Minha querida mãe,

Recebi os cinquenta francos que enviou-me e já são dois envios em quinze dias, mas não deve imaginar como sinto ao receber dinheiro seu. Envergonha-me, por outro lado aqui não gasto nada nem há absolutamente nada para comprar.
Ao contrário, quando o abastecimento voltar à normalidade (como espero poder chegar a ver isso, pois não imagina até que ponto todas as privações alimentares afetaram-me tanto moral como fisicamente), me alegrará muito e fará um favor enorme se mandar-me algo sem que precise se privar de alguma coisa, porque esta ideia me atormentaria,
pão, manteiga, bolachas, geleia e chocolate.
Ultimamente tive dores hediondas nos molares, tanto no maxilar superior como no inferior, e doíam-me todos os ossos da cara, e terríveis perdas de sangue intestinal à noite e penso que isso decorre da falta de todo gênero de alimentos, que vem acrescentar-se aos envenenamentos que me fizeram sofrer em Le Havre quando estive lá em camisa de força, em Rouen na cela, em Sainte-Anne onde me *vestiram* para ser conduzido a Ville-Evrard. Quanto a este último, talvez ali não tenham me envenenado mas fui sequestrado várias vezes conforme os

caprichos dos médicos e enfermeiros. Deve saber que os drs. Chanès e Menuau deram ordens para maltratar meus amigos que queriam visitar-me e foram impedidos de se aproximarem de mim, em particular uma amiga jornalista chamada Anne Manson, que conhecera após o regresso do México e passara lá para encontrar-se com meus amigos. Olhe, sinto finalmente que minha alma se escapa e pressionado a estar preso e não dispor do necessário e que logo não poderei resistir a esta dor eterna. No próximo dia 27 de setembro completam-se sete anos que estou internado e esse período terá sido para mim como sete Eternidades. Não conto mais senão com o Céu para procurar ajuda, a libertação e o consolo. E para trabalhar e criar minha obra precisaria estar livre. Num Asilo de Alienados não se pode pensar nem escrever. Tampouco esqueço que em Dublin passei seis dias na prisão e pergunto-me por que razão, já que não matara ninguém, nem roubara, a causa era simplesmente o Báculo de São Patrício que viu quando estive em Paris em julho de 1937 e me acusaram de ser agitador político e fui *deportado* para a França e já sabe que tentaram assassinar-me no barco e precisei defender-me em meu camarote contra a agressão de um mecânico que escondera uma chave inglesa e repentinamente quis me golpear com ela. Só o céu será capaz de resolver e vingar todas estas ignomínias.

Tem confiança em Deus, logo voltaremos a ver-nos.

Teu de todo coração.

Antonin Artaud

Rodez, 12 de dezembro de 1944

A Annie Besnard

Minha querida Annie,

Disseram-me que no passado 14 de outubro tomou o trem na Gare d'Orléans para vir ver-me aqui. Sei que neste momento as comunicações são difíceis e muito longas e que os correios não aceitam pacotes de alimentos, mas em geral e por muito caóticas que sejam as circunstâncias as pessoas que pegam um trem chegam ao seu destino. Portanto não compreendo em absoluto que ainda não tenha chegado e pergunto-me o que poderá ter sucedido pelo caminho. Nunca acreditei em histórias de bandidos e o mundo, tal como o vejo e aparece cada manhã nos jornais e o descrevem nas notícias do Rádio, ainda não naufragou na última anarquia. Consequentemente não creio que a tenham raptado pelo caminho. Um empregado do Asilo de Rodez, onde estou agora, trouxera-me recentemente uma carta de Fredéric Delanglade, a quem vira em Paris, e que Fredéric Delanglade, um pintor que conheci em casa do dr. Ferdière e teve muita amabilidade para comigo, o encarregara de remetê-la para mim. Desta maneira, chegou-me a carta, não vejo como normal em absoluto que você ainda não tenha chegado e tampouco posso crer que a pessoa que informou-me sobre sua partida me mentiu, porque sempre a considerei como um Anjo e você também. Escrevo-lhe de *quai* Bourbon 45 porque não compreendo nada de toda esta história e não a aceito. Mas se não está a caminho de Rodez é porque não é um Anjo para mim e não posso contar com seu amor como no passado, nestas condições você não tem para mim nenhuma condição de existência e só vale para regressar ao inferno e ao nada.

Antonin Artaud

Rodez, (?) de 1944

A Gaston Ferdière

Pratiquei taumaturgia em público e é verdade, mas gostaria de saber se a taumaturgia é em si mesma o delírio do qual reprova-me. Se a taumaturgia é uma malignidade porque tal taumaturgia é cristã, inclusive *crística*, quero dizer que era feita em nome de Jesus cristo e foi isso que exasperara certas pessoas que não são mais do que Demônios. Se o delírio é uma mentira, como médico, homem de fé e de boa vontade, se pudesse ver-me agora jamais me julgaria como delirante. Como a taumaturgia não se interna a não ser o que é delírio, pretenderam considerar-me louco para se desfazerem do taumaturgo que há em mim e isso é tudo. Entre as informações que lhe comunicaram houve uma particularmente falsa sobre o meu comportamento. Afirmo, após sete anos de internamento que a informação era paga como acontece em certas ocasiões, segundo os costumes de uma época tão bela como a que vivemos. Houve uma campanha de amigos para minha libertação quando você me acolhera em sua casa, mas houve outra de inimigos para manter meu internamento em 1937. Se encontrou-me enfermo e desequilibrado quando aqui cheguei, e *estava assim com efeito*, fora devido os maus tratos e às violências sofridos um pouco por toda parte antes de vir para sua casa, onde por fim encontrara um amigo após distanciar-me de tudo. Estou curado do desequilíbrio, meu caríssimo amigo; creia-o mas acredite também que há muitos espíritos maléficos que trabalham contra você e praticam magia mas esta é negra, quer dizer *obscena* enquanto a que eu praticara era branca. É a eterna luta entre o Bem e o Mal. E que tais espíritos maus possuem na terra os homens que provocaram meu internamento e são Iniciados do Mal e Demônios.

Afetuosamente

Antonin Artaud

No início da era cristã a metade dos cantos da igreja católica eram exorcismos e agora fazem parte da liturgia dos crentes. Com frequência é também uma questão de voz e tom rítmico pessoal. Quando fui ator de teatro havia quem detestasse minha voz e meu tom dramático porque eram demasiado místicos e encantadores quando os declamava. Não é razão para se confundir isso com neuropatia.

1 de janeiro de 1945

A Gaston Ferdière

Muitas pessoas o felicitaram hoje já que é o rito e parece que entramos num novo ano. Penso que será a oportunidade de manifestar-lhe que há em mim um coração que jamais o esquece e se interroga várias vezes ao dia onde está sua alma e como suporta a injustiça da vida. A vida nos moldara no ritmo dos anos e o regresso fatídico das efemérides não tornou mais feliz o coração, nem guarnecera de tudo que nos falta em especial a você e a mim, sr. Ferdière: o posto de ser naquilo que se mantém nosso verdadeiro ser quando nossas consciências não são mais do que duas desgraças resignadas que não podem suportar viver mais senão esquecendo quem são.

De toda maneira que um golpe oculto de Deus no fundo da injustiça das coisas possa oferecer-lhe neste ano a felicidade absoluta.

Desejo-lhe o mesmo a seu filho cujo sorriso sempre me fascinara.

Diga a senhora Ferdière que sinto muito por não poder enviar-lhe flores mas que meu coração pensa hoje nela.

Antonin Artaud

Rodez, rumo a 9 de março de 1945

A Gaston Ferdière

Meu muito querido amigo,

Suponho que lera tempos atrás, já que o trouxe aqui, a frase de Paulhan que dizia: "O horror estará à porta pronto para entrar enquanto os homens não tiverem criado um pensamento *necessário* (o que desespera muitos de nós. Embora talvez você estivesse lá...)"

Reflito sempre meu caro amigo neste dever que Jean Paulhan lembra-me e com frequência penso nele ao lembrar de você. Sei que reconhece em mim uma intuição e um coração. É uma ideia sobre mim mesmo que não pode abandonar. Graças a você pude voltar a escrever. Acrescentei um complemento em *Viagem ao País dos Tarahumaras* que duplicou mais ou menos o texto, escrevi "Bebê de Fogo", "Israfel", "Annabel Lee". Anotei vários sonhos entre os quais *As mães do estábulo*. Tenho já muitas páginas de um novo livro em que examino o eu e o infinito, tento poetizar e fazer viver como num drama vivido nas profundezas do pobre coração humano todas as ideias que os filósofos que não foram filósofos exceto Platão tiveram sobre tais pontos. Quero dizer que sem o seu estímulo não teria chegado ao ponto em que atualmente me encontro, tampouco pretendo ficar atrás. Sinto, e é com o coração que sinto quando vejo-o, que você em absoluto é feliz nem está satisfeito com a vida e as coisas e sei que nunca deixara de contar comigo e espera que eu também faça algo para ajudar as consciências dos homens para não se sacrificarem mais.

Do que se trataria na realidade senão deste problema assombroso do eu que não admite a si mesmo, *ele mesmo*, porque não deixa de sentir-se arrebatado sem o saber pela intromissão invasora das coisas que não são ele e dentro dele procuram ser ele? Fora aí, neste ponto do combate eterno entre o eu e o não eu, em que Platão procurou no seu tempo fundear suas luzes (mas o tempo no tempo de Platão todavia não decorrera o bastante) aí aonde a alma do homem sofre como nunca e até agora sofrera o homem.

Pressinto que *você* e outras consciências lúcidas que ao *sentirem* seu inconsciente começam a entrever o que acontece passa a reprovar as coisas e a Deus que entretanto não lhes *oferecera* o seu ser, que não se revelara ante você, e por fim não lhe permitira integrar em você mesmo toda a perfeição, o autêntico desejado, o consciente determinado do seu ser, este ser que em horas específicas e condutoras da nossa vida, diante de um poema ou música, reconhece de fato como nós mesmos a continuação que passa e nos escapa. Depois somos qualquer coisa, dizemos e fazemos qualquer coisa.

Num dado momento cometi um erro e há dois anos que cheguei aqui seguia o erro deste espírito. Acreditara que poderia lutar com meios sobrenaturais contra o inconsciente deletério de todo mundo e fiz isso até abril de 1943 e foi isso que reprovara em mim. Mas dei-me conta de que ao fazer isso sobrepunha-me aos meios de um homem e que ele não poderia jamais fazer isso pois era um erro e um *pecado*. Sabe disso e hoje rogo-lhe com *insistência* para pensar neste fato, sabe que nunca minto. Quando reprovou-me reconheci isso. Mas imploro-lhe para que acredite que quando lhe disse que não era verdadeiro e acabara tampouco menti *na realidade* tudo acabara. Desde abril de 1943 limitei-me estritamente a escrever e cada vez que me censurava — entenda-me bem porque trata-se de um fenômeno de capital importância — isso *fazia-me mergulhar no medo*.

E assim em dezembro passado você passou diante de mim uma manhã na hora das visitas e reprovara-me não sei que feitiços que me *desesperei* absolutamente. Sabia que não fizera nada e há mais de um ano tinha uma vida normal. O que disse espantou-me até a mim mesmo, pois pensava que você havia *percebido* e se fora assinalado algo isso não seria mais do que alguma coisa que voltara de um passado abolido para mim, e no qual eu participara em absoluto. Falei a mim mesmo: eis as coisas sobre as quais já não me interesso e reprovo, das quais fujo como se fosse peste, todas estas coisas agora espantam e atormentam o dr. Ferdière. Com efeito, quando deu-me a mão esta manhã ela estava ardendo como um homem consumido pelo fogo. Eu não morri nem Jesus cristo para tirar alguém do inferno. Na verdade era isso que me reprovava: que estivesse no inferno e não o tirasse de lá como se alguma vez fosse capaz de lançar o coração de um Anjo que me ama no inferno. Digo Anjo, pois você fez tanta coisa por mim que nenhum homem alguma vez fizera na terra: vestiu-me, acalentou-me, deu-me de comer por amizade, amor e piedade, como um irmão e não por dever.

Não sei meu caríssimo amigo quem o enganou nesse dia fora enganado de tal maneira que o levaram a fazer com que me reprovasse pelo crime de magia cuja ideia me causa vômitos.

Por outro lado isso não tem nada a ver com doenças mentais e depois sofri horrivelmente para pagar por um ato que na alma e na consciência era totalmente inabilitado a fazer. Tudo o que é magia dr. Ferdière é o Anticristo e nesta terra amei apenas Jesus cristo. O sofrimento foi entrar nesta assombrosa terapêutica de choques e sonhos que sempre fora para mim mais do que tortura pois isso significava o genuíno desaparecimento de mim mesmo. Preciso de mim para sentir-me e existir. O suicídio é proibido e ninguém deve condenar-se a morrer já que se morre completamente e sem remissão, preferiria morrer agora mesmo antes que voltasse a penetrar num coma provocado, num sonho para mim cada vez pior que a morte e do qual conservo em minha alma a terrível recordação da morte.

— Em seguida censurou-me há um mês e meio umas cantorias. Mas não poderia tê-las ouvido pois não fizera nada semelhante. Além do mais tive a certeza de que aquele que indicara e com frequência tem a mão pronta contra os inconscientes daqui estava disposto a acusar-me, e o que me censurara *pensou* ouvi-lo ele mesmo quando *na realidade não havia nada.*

Você é muito sensível, crédulo e bondoso. Quando alguém se arma de acusador à sua frente, seja um vigilante ou um enfermeiro e tal como alguns doentes este reclama com virulência, você acredita. Mas quando alguém como eu não eleva a voz, não se queixa e não diz nada então não o tratam com respeito. Não é o que pensa nem o que deseja seu coração a não ser o que nos arrastara sempre a debilidade inerente da nossa natureza de homens. Não queremos que se sacrifiquem aqueles que reprovamos e imolamos. Um homem como você que se indigna com as injustiças das coisas não deve insistir neste achaque.

Espero agora dr. Ferdière um simples ato de justiça: que me diga simplesmente que acredita em minha sinceridade e na minha boa vontade e por vez acredita-o *irremissivelmente*.

Em relação a mim para que outros aproveitem minha consciência da dor e os choques com o inconsciente e seus limbos, creio que agora preciso fazer algo mais do que escrever, necessito de dizer poemas diante de um público explicar-lhes em voz alta o que sei. Isto é determinante. O dr. Dequeker disse-me uma noite após recitar um poema de Gérard de Nerval que aquilo fizera-o voltar a se comunicar com o sentimento perdido da poesia. Horroriza-me a presunção você sabe mas há em mim uma força peculiar da poesia que não precisa se extravasar. Creio que é o que o mundo moderno espera para se curar da sua anarquia. Se for possível, tal como falou e me prometera, libertar-me logo isso me permitiria cumprir um dever benigno e tenho tempo para refletir e logo completará oito anos que estou internado. Você teve muito a ver com a execução de tal dever.

Após tudo o que lhe disse talvez esteja definitivamente tranquilo sobre a minha pessoa.

Espero que acredite em mim da mesma forma que eu não duvido de você. Ofereço-lhe afetuosamente a mão. Transmita por favor à senhora Ferdière minha dedicada lembrança.

Antonin Artaud

Rodez, 30 de outubro de 1945

A Gaston Ferdière

Caríssimo amigo,

Deveria reservar um tempo para ler algumas passagens do meu livro, *O Surrealismo e o Fim da era Cristã*. Disse-me ao sugerir que o escrevesse: "Tenho grandes projetos" e acredito que compreendi bem. O projeto era libertar-se do sofrimento que agora domina os corpos dos homens em vida, os quais sofrem durante todo o dia a defender-se contra invejas odiosas (e falei de tal inveja no sonho que tanto o interessou: *As mães no estábulo*. Ondas após ondas chegam num tropel sobre nós, vindas de todos os lados da inveja infame até o dia que enfraquecem, a falta Manifestada da vida) os homens sofrem em vida defendendo-se contra não sei qual espírito, o espírito que um dia fora um ser e se chamara Jesus cristo e atormenta o inconsciente de todos nós. Ao solicitar que escrevesse este livro quis oferecer-me o motivo para designar este espírito mal que o inconsciente e os sonhos se empenham em acumular na nossa consciência em vez de deixar-nos sonhar nossos sonhos como se estivéssemos na vida. O Surrealismo pretendera captar em nós a parte adormecida, o inconsciente, seus estados de força para fazê-los se manifestar como homem, ser não o que se deixa conduzir mas o *que conduz*. Ou seja *viver* desperto os estados do sonho o ser do sonho adormecido. É o princípio da poesia mas é necessário que a poesia restitua à consciência do sonho tudo o que deseja guardar para si, e o sonho habita a consciência, quer dizer que tudo o que é conhecido que se percebera adormecido enquanto há em nós um espírito sacerdotal chamado Deus e Brama Jesus cristo. *O Surrealismo e o Fim da era Cristã* foi escrito contra tudo isso.

Amistosamente seu

Antonin Artaud

Ps: Eis porque tenho piedade dos corpos dos homens os quais o espírito mal deseja dominar. Conheci um homem no México que queria se envenenar com peyotl para encarnar este espírito, conheci outro no Tibet que atualmente usa ópio para guardar consigo todo o subconsciente, e em nome da infâmia intrínseca produzira no princípio do ópio uma substância intoxicante levando a que não se possa tomar ópio sem sofrer e intoxicar-se enquanto...

Rodez, indo para 30 de outubro de 1945

A Gaston Ferdière

Meu caro amigo,

Separei algumas páginas do trabalho que comecei: *O Surrealismo e o Fim da Era Cristã*, para que possa ver o tom. É uma história *vivida* deste movimento que pretendo fazer, não pelos fatos exteriores mas segundo o drama das consciências que conheci, (René) Crevel se suicidando, (Robert) Desnos morrendo de tifo num campo de concentração, André Breton gravemente ferido em Le Havre pela polícia em setembro-outubro de 1937 quando pretendia me libertar, Roger Gilbert-Lecomte morto por tétano, eu deportado, internado em camisa de força. O drama interno dos corações valera nesta questão de poesia o drama externo da estupidez, a incompreensão e o ódio de uma sociedade que sempre quis defender o seu mercado negro e o pão abençoado. Deixara de permanecer sob a ditadura oculta dos sacerdotes porque lisonjeavam sua apatia incurável, e creio que desta vez é verdadeiramente o fim da era cristã.

Seu

Antonin Artaud

Rodez, final de outubro de 1945

A Gaston Ferdière

Caro amigo,

Tenho uma ideia para um grande desenho que gostaria de presenteá-lo.

Poderia ter a amabilidade de fazer-me chegar um pouco de papel?

Por outro lado o livro sobre o qual faláramos o *Surrealismo ou o Fim da Era Cristã* avançou bastante, enquanto estivera em Arcachon li várias páginas aos drs. Dequeker e Solanés, que me disseram que as passagens lhe tocaram muito. Nestas páginas como no livro novo que começara para Jean Paulhan *Mesure sans Mesure* (Medida sem Medida) tentei expor a nu o espantoso problema da infância do nosso eu que desde a infância não está encerrada porque evoluíra mal, não por nossa culpa mas de algo que jamais pudera decidir-se devolver-nos a nós mesmos, querendo manter-nos completamente para ele e esse algo se chama Deus e não é precisamente o inconsciente senão uma força criminosa oculta que está no interior e é operada por alguns seres que não estão completamente na vida e atualmente pensam regressar a ela pois viveram várias vezes na vida passada e estão mortos nesta. Onde estão os mortos? Sob os problemas que escrevemos, os quadros que pintamos, os atos que fazemos, os estados de ânimo que possuímos e todo o tempo querem dizer-nos que são eles que pensam em nós e não nós neles.

Foram reprovados pela alma e pensam em voltar a todo momento. Mas sempre tentara defender as consciências dos meus amigos, de todos aqueles que gostam do que faço contra as intrusões intoleráveis, pois tentar mudar a consciência de um homem apoiando-se num espírito morto é uma *infâmia* contra o que sempre me bati e muita gente pratica na terra...

Esta infâmia é a que hei de atacar cada vez mais em todos os meus livros.

Afetuosamente seu

Antonin Artaud

P.S. Vou com frequência após o jantar à casa do dr. Dequeker.
Isto introduz-me numa atmosfera fraterna que me anima o coração e ajuda em meu trabalho. Ontem à noite disseram-me que precisava de uma autorização assinada por você para sair e assim impediram-me de ir a sua casa e sinto por isso. Ficaria muito agradecido se assinasse essa autorização. Isto me faria bem, pois estou sempre só.
Jean Paulhan está muito doente.
Duas amigas minhas que viriam ver-me aqui também.

Rodez, 28 de fevereiro de 1946

A Gaston Ferdière

Caro amigo,

Agradeço-lhe que falara comigo à noite como o fez de homem para homem. Mas há várias coisas que reprovo em mim mais do que é possível ou do que você mesmo reprovaria sobre a minha pessoa. Tudo o que deixara levar-me na influência de uma conversa: salmos, encantamentos, cantos de uma voz de contralto como os cantores da Capela Sistina, com voz de anjo

exorcismos, etc.

nunca procurei senão o *real* sr. Ferdière e jamais pensei tampouco que pudesse invocar um espírito senão estando num bom estado de espírito e difundiram informações negativas que o fizeram acreditar. São atos de um drogado dos quais me libertei à força como se levasse um cavalo por uma montanha ao longo de um dia inteiro até atingir cinco mil metros para chegar até os Tarahumaras, para mim a realidade é o trabalho do pedreiro, do carpinteiro, dos carregadores, etc, e como homem de teatro meu único intento, quero dizer todo meu esforço da ideia, após *nove anos de internamento* é ajudar os trabalhadores e aqueles que penam com pequenos poemas em que quando o canto se impõe jamais poderá elevar-se sem a base da declamação pois não se canta de improvisto. Como afirmara André Gide: não se pode amar as flores sem haste. Este gênero de pequenos poemas são para auxiliar os trabalhadores e não sacerdotes cuja missa considero como magia, recusara procurá-lo aqui pois não é o lugar preciso de alunos mas de amigos para trabalhar comigo.

Seu

Antonin Artaud

À parte meus livros e desenhos ao regressar a Paris gostaria de criar um pequeno grupo de teatro. Solange Sicard gostaria de fazer parte dele.

Rodez, à volta de 10 de março de 1946

A Gaston Ferdière

Caro amigo,

Tal como me pedira que fizesse fui esta manhã visitar André de Richaud, eram onze horas, mas já se ausentara.

Penso que irá comer em sua casa como me dissera ontem à noite.

Por outro lado caro amigo gostaria de tranquilizá-lo definitivamente sobre um ponto do qual são testemunhas meus escritos e minha vida.

Fui ao México, os sacerdotes do Peyotl ofereceram-me peyotl em pó porque acabara de desintoxicar-me eu mesmo de heroína e não queria penetrar em estados *extra naturais*. Nunca na vida pensara no ópio senão como um elemento electuário, quer dizer numa medicina de dores físicas *bem caracterizadas*. Insisto dizer que não sou um toxicômano que pensa numa planta saudável como uma *droga*, e por amor. Tenho horror aos estados anormais, extra e antinaturais e não tenho em mim o temor pré-natal ou genital que por instantes e apesar dos propósitos positivos pudesse degradar minha consciência porque há 36 anos que trabalho nisso quer dizer desde a minha puberdade *dominei* minha sexualidade. Não esqueço que este ano completo 50 anos. Somente em

Sainte-Anne sofri sob o cuidado do dr. Nollet uma grave intoxicação que deixara-me sequelas físicas, minhas gripes não procedem disso mas meu torcicolo e minhas dores do coração são oriundos da intoxicação além do mais da minha transferência de Sainte-Anne para Ville-Evrard recebi um chute nos testículos e lhe mostrarei a cicatriz de uma punhalada nas costas que recebi em 1916. Portanto penso às vezes num *remédio*, mas minha obra escrita é o que mais interessa para perder-me em manias minha consciência é o que mais importa do que a blandície das euforias.

Antonin Artaud

Rodez, 13 de março de 1946

A Gaston Ferdière

Caro amigo

Acabo de receber uma carta de André de Richaud informando-me que tem o desejo de escrever uma peça para mim na qual pensa há vinte anos. Mostrar-lhe-ei a carta.

Gostaria de reunir-me a ele e ir até Espalion, comprar uma maleta e uma mochila para desenhar. Poderia dar-me um bônus para que o sr. Escande entregue-me o valor necessário? Creio que poderia guardar aqui os 40 mil francos que chegaram para mim e repassar-me o valor certo para efetuar a viagem e pagar por exemplo um mês de hotel adiantado.

Solicitei ao sr. Blanc que não esqueça minha carteira de identidade. Quando estive na cidade com Henri Thomas uns policiais pediram nossos papéis na estação. Henri Thomas apresentou seu cartão de alimentação e um exemplar do seu livro O *Preceptor*[*]. Eu mostrei uma carta do *Cahiers du Sud* que tinha e nos liberaram com uma saudação mas preferia ter a carteira de identidade normal.

Por outro lado Henri Thomas disse-me que tinha de receber direitos de autor na editora Denoël. Penso que a quantia deve ser grande. Escrevo à senhora Cécile Denoël viúva de

---

[*] Trata-se do romance *Le Precepteur*, publicado pela N.R.F, em 1942.

Robert Denoël para reivindicar meus direitos. Isto aumentará minha margem. Desta maneira com os 40 mil francos e esses direitos de autor restantes (espero que a senhora Denoël não me faça esperar muito) tenho assegurado pelo menos cinco ou seis meses de existência. Mas Henri Thomas falara-me de uma exposição dos meus desenhos na Galeria Gallimard. Penso ainda numa reedição de *Cenci*. E Henri Thomas disse-me que ocupar-se-á de uma reimpressão de minhas obras completas. As coisas assim vão se arranjar. E não esqueço que você incentivara-me a voltar a escrever. Por fim obrigado pelo soberbo cômodo novo.

Seu

Antonin Artaud

Espalion, 28 de março de 1946

A Gaston Ferdière

Caro amigo,

Recebi uma carta de Henri Parisot avisando-me que a senhora Périquoi informara sobre o montante dos meus direitos de autor do livro *Viagem ao País dos Tarahumaras* e que reservara a autorização para colocar à venda a edição das *Cartas de Rodez*. Desta maneira nem sequer posso receber meus exemplares de autor pois o editor Guy Lévis Mano que estão reservados disse que não pode enviar-me sem a sua autorização. Liguei à senhora Périquoi para dizer-lhe que já não estava no manicômio de Rodez e por conseguinte não me parecia sequer legal reter a edição de minhas obras e disse-me para procurar a prefeitura de Rodez.
Portanto escrevo algumas palavras ao prefeito para expor minha situação. Os direitos de autor destes livros são o valor que posso dispor para custear meus próprios gastos.
André de Richaud não poderá fazê-lo por mais tempo. Dessa maneira espero que possa arranjar uma forma com que estes valores cheguem integralmente a mim enquanto isso espero que o leilão organizado por Arthur Adamov tenha tido um bom resultado.

Desculpando-me pelos transtornos que lhe possa causar creia nos meus mais sinceros sentimentos.

Antonin Artaud

Rodez, no transcurso de abril de 1946

A Gaston Ferdière

Caro amigo,

Os 4 mil francos anunciados pela revista *Fontaine* na carta do último dia 8 de abril que você enviou-me, e expedida para Espalion *não chegaram a mim*.

Numa carta escrita também em 8 de abril Guy Lévis Mano fala sobre um exemplar do meu livro Cartas de Rodez, e *que também não chegou*.

Henri Parisot falou-me também de 3 exemplares do nº4 da revista *Les Quatre Vents* com envio registrado há um mês e meio, *e jamais recebido*. Informou-me ainda que enviara um exemplar suplementar deste número há quinze dias e tampouco o recebi.

Poderia autorizar o sr. Blan que telefone para Espalion e saber o motivo se tais livros chegaram lá e porventura tivessem esquecido de enviá-los? Os 4 mil francos foram enviados via cheque postal e seria preciso confirmar se chegara a Espalion, assegurando sua recepção. Escrevi ontem à tarde um novo texto esclarecedor sobre o último desenho. Estou certo que o interessará.

Seu

Antonin Artaud

Rodez, no transcurso de abril de 1946

A Gaston Ferdière

A morte e o homem

    Neste desenho há a sensação de que passara no meu interior como em certas lendas diz-se que a morte passa.
    Quis captar o voo e desenhar nu completamente nu.
    O movimento da morte reduzido aos ossos essenciais.
    Um homem que caía no vazio e ao cair furtara de outro homem o alento das suas cavidades pulmonares.
    Algo como um tic-tac de um relógio restrito a um simples inseto, fora do grande relógio que caíra que lugar?
    E o inseto é a morte, da qual o homem tombara como uma regra exata
    Como a regra vertebral de uma reta perdida também por um morto que passara.
    Veia, uma só veia e não duas, em redor da veia a página branca veia extirpada da consciência,
    Trama de um só vibrar de cílios...
    Há que vislumbrar este desenho uma vez mais após tê-lo visto pela primeira vez. Creio que permanece não no espaço mas no tempo, neste ponto do espaço do tempo em que um sopro vindo detrás do coração mantém a existência e a interrompe. Gostaria que ao observá-lo mais de perto encontrasse nele esta espécie de

desprendimento da retina que teve ao separar o esqueleto superior, sobre a página, como a montagem para *um* olho.

O esqueleto superior sem página com a sua disposição *dentro do meu* olho.

Este desenho não se dirige à inteligência ou à emoção mas à consciência completamente pura e despida.

Desprendimento da imperceptível fibrila de um corpo que dilacera um instante da consciência por excisão depois deixa-a dormir tranquila. Um golpe acerado de bisturi que se extingue sem permitir à *concepção* que se instale ou procure pois não há nada além deste golpe.

Fora isso a página está nua.

Quis que o esqueleto e o equilíbrio das diretrizes suprissem com a raridade do seu timbre todas as proliferações tentaculares de um número superior de formas de pensamentos. Desta maneira precisei de mais de uma hora de adaptação ocular antes de encontrar o ângulo de acordo com o qual faria cair o bastão do homem sob a morte.

Poderia dramatizar tais problemas mediante a cor mas preferi a irritação de cores sem gosto. E o sinistro maneirismo das cavidades do sopro da vida acolchoadas com seda rosa e azul pálido.

O efeito nada evola tanto a alcânfora como certos ataúdes chineses em que a morte passa pelo azul, e o sangue da pleura rosa evoca a seda das paredes.

Antonin Artaud

P.S. Perdoe-me ter escrito com lápis mas não quis fazê-lo esperar.

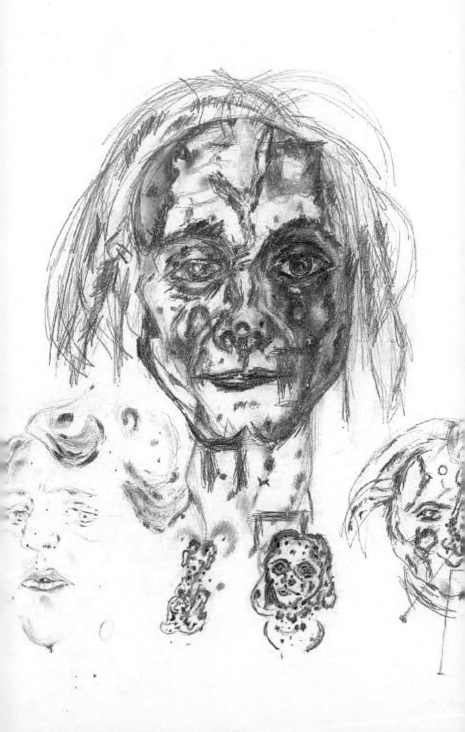

Posfácio
Sob o signo do desastre

Adrián Cangi

Comparo uma conhecida foto de Antonin Artaud feita por Man Ray com seus autorretratos desenhados em Rodez. Há entre ambos os gestos muita experimentação, quase uma mesma postura e os mesmos ângulos do contorno, um mesmo olhar e os mesmos cabelos revoltos, embora mais desgrenhados e esfiapados no retrato do que na fotografia. Do jovem rosto da foto restou seu contorno, mas os micromovimentos detidos no autorretrato agravam o desmoronamento. A força da vida define seus traços. O poder do desastre impõe sua presença. "*Agora que a própria vida sucumbe*", escreve Artaud, de modo premonitório, em *O teatro e seu duplo* (1935). Esta frase antecipa as *Cartas de Rodez*, que abrangem todo o período de sua internação entre 1943 e 1946. Nunca pude esquecer estas palavras de minha memória. Como essas outras que definem, antecipando em 1935, um tempo irreversível: "*A peste parece então manifestar sua presença afetando os lugares do corpo, os pontos físicos particulares onde podem se manifestar, ou estão a ponto de manifestar-se a vontade humana, o pensamento e a consciência".* A urgência de Artaud é a linguagem concreta do corpo do qual vai emergir a palavra por vir: as palavras videntes de uma nova alquimia onde tudo quanto age o faz por um impulso de crueldade. O risco para mover ou paralisar o corpo é da ordem da necessidade e do inconsciente. E ambos são núcleos difíceis, entrelaçados com a repetição e diferença da crueldade como atração e sopro da vida. O poeta fala a partir dali como única testemunha de si mesmo e como vidente. Desde *O Pesa-nervos* (1925) até a invenção radiofônica *Para acabar de uma vez com o juízo de Deus* (1947), Artaud passa por Rodez e reconhece tanto a experiência oceânica da alucinação como a força do delírio expressivo enquanto modo de invenção. Pede *"refazer a anatomia"* orgânica do vivente humano, por doente e mal construído. Pede ir da bruma à figura. Procura numa vida cruel anterior ao homem —anterior à formação do corpo orgânico— captado em si mesmo em seu próprio aparecer. O que conta na imagem corporal é a louca energia capturada e pronta para explodir. As imagens vão rumo à detonação sem retorno e dissipam sua energia condensada. Como dramaturgo, percebe o transtorno da percepção enquanto gênese de um corpo desconhecido e por vir. Quem pode esquecer aquela frase na qual expõe seu ápice sobre o corpo na dicção radiofônica em *Para acabar de uma vez com o juízo de Deus? "É preciso se decidir a desnudá-lo para raspar esse animálculo que lhe fere mortalmente, / deus, / e com deus / seus órgãos".*

Releio as cartas de Artaud escritas de Rodez, em especial as do período de 1946 e ao mesmo tempo vejo seus desenhos. Detenho-me em um dos últimos autorretratos sob efeitos de eletrochoque e lembro de "O rosto humano" —texto escrito para o catálogo de seus desenhos em 1947—. E compreendo o final de *Para acabar de uma vez com o juízo de Deus*, quando diz: "*Amarre-me então se assim o deseja / mas não existe nada mais inútil que um órgão. / Quando tiver lhe dado um corpo sem órgãos, / então o terá libertado de todos seus automatismos e devolvido à sua verdadeira liberdade. / Então o senhor voltará a ensinar-lhe a dançar ao contrário / como no delírio das danças populares / e esse contrário será seu verdadeiro direito*". Penso quanta dor e intensidade há macerados em um traço que foge muito longe do psiquiátrico, nas variações de uma voz que falará depois aos psiquiatras como carne do mundo. Ao mesmo tempo, quanta firmeza para que o corpo e a inteligência conduzam e se sobreponham no triunfo da expressão. Artaud chama de "documentos" seus desenhos e cartas, à maneira de William Burroughs, que os chamou de "informes". E insisto nesta palavra para privilegiar a força descritiva e a vontade demonstrativa que vive neles apesar da experiência do confinamento. O poeta, ator e dramaturgo é um sismógrafo de seu tempo e um vidente do que se avizinha. Sua figura é a de um catalizador ou corpo disposto à multiplicidade da experiência. Corpo privilegiado porque vive ebulições extremas e as processa como expressão corporal, gráfica e poética. Viveu um tempo de entreguerras fecundo em desabamentos dos corpos feitos em pedaços. Conheceu o fulgor e a violência. Viveu a força aurática e aumentada do cinema que reinou com os efeitos do primeiro plano. Experimentou seu encanto e antecipou sua mudança. Fez parte da glória indefinível do cinema mudo. Provocou o teatro até limites impensáveis e evocou a verdade de sua crueldade. Percorreu crispado as ruas de uma Europa que produzia sobreviventes da Primeira Guerra em estado de choque nervoso. Sua escritura e desenhos são informes do desmoronamento e deformação da carne. Especialmente seus desenhos, foram forjados entre a rua atormentada e os ritmos do eletrochoque de Rodez. Conhece a própria fissura e vê o rosto circundante como um campo de morte. Artaud não percebeu os desenhos feitos por Zoran Music no campo de concentração de Dachau em 1945 ou expressões de outros sobreviventes, embora seus traços dessa década, em especial em Rodez, percorram uma mesma estridência do gesto, uma mesma velocidade desesperada, uma mesma fragmentação e uma mesma loucura do tempo. Seus traços definem perfis dos últimos dias da humanidade. Entre corpos jogados dos campos, sobreviventes da guerra, a própria experiência psiquiátrica, o gesto de Artaud catalisa um concentrado de morte e destruição.

Para o poeta, o rosto não é um invólucro exterior ao que fala, pensa ou percebe. A alma desgarrada se corporifica, sonda e escava cinzelando ângulos e canaletas no osso e na carne. Podemos ver em suas grafias que "*o rosto é um conto de terror*", ou porque se apresenta sobrecodificado socialmente pelo organismo, ou então porque em sua superfície e orifícios se inscrevem as forças, velocidades e trepidações da carne. A codificação desmorona facilmente por efeitos externos ou pela potência afetiva que emerge da carne em suspenso. Na época de Artaud as fisionomias familiares se tornam incompreensíveis e a paisagem dos rostos redunda em nervos sinistros. Há algo no poeta que vibra para além da história. Sua expressão está atravessada pela história embora seu gesto seja da ordem do que advém como acontecimento. Não só presta atenção às forças exteriores e sua violência irreparável como cava na própria fenda. Seus desenhos e cartas são documentos de seu próprio desmoronamento central. Trata-se de traços feitos *"com o raspar da respiração de minha traqueia e dos dentes de minha mastigação"*. O poeta insiste que o rosto requer uma expressão futura lavrada a partir da intensidade do próprio corpo, a partir de suas superfícies ou quedas. O rosto tem que alcançar o corpo, corresponder-se com ele e suas conexões. Trata-se de um rosto que demonstre sua afeição na intersecção. Que se torne paisagem desejada ou indesejada, animal amado ou odiado. O poeta sabe que não tem segurança dos limites onde o eu e o corpo possam se deter. O rosto é potência e nervo sensível de inscrição: superfície que busca sua forma. Sustenta que o rosto não encontrou sua cara e que a expressão do corpo a dará. Em *Van Gogh: o suicida da sociedade* (1947) afirma que *"consegue tirar de uma cabeça humana um retrato que seja o rojão explosivo do pulsar de um coração estourado"*.

Os traços de Artaud rechaçam a representação sem desdenhar a figura. A representação está ligada ao espetáculo como espaço de uma relação imitativa e reprodutiva. Relação passiva no sentido que lhe outorga Guy Debord em *A sociedade do espetáculo* (1967) —relação que Artaud percebe com antecipação enquanto medita acerca dos limites do espetáculo teatral—. O teatro é energia e festa, crueldade e afirmação que conecta os corpos com suas forças pulsáteis ou energias primigênias. É presença pura e diferença na ordem da repetição. Concebe o desenho do mesmo modo e o realiza como informe das velocidades intersticiais de uma deformação em movimento. Seus desenhos são tão genitais como seu teatro ou sua poética. Sempre partem do corpo vivo e anárquico. Corpo desorganizado pelas potências inumanas com as quais se conecta. Por seus desenhos passam traços elétricos ou intensidades que prescindem do corpo organizado. Em Artaud isto é literal de um corpo que sente a areia movediça em seu agir. No corpo esquizofrênico que o poeta reivindicou não há metáfora alguma. A fissura da erosão intermitente e mordente modela seu gesto. A demolição é princípio de impressão e expressão.

Alguns modos de expressão constituem um limiar entre desenho e relato, como soube escrever o argentino César Aira sobre o uruguaio Copi. Limiar que percorreram, entre outros, Cocteau, Michaux e Klossowski para citar alguns que tentaram compreender a passagem entre grafias. Limiar no qual vibra uma insistente imagem prévia ou quadro prévio que se torna automatismo do traço escrito ou desenhado. O que insiste ou aquilo que vibra como quadro prévio é a persistente visão de um gesto. Do traço à palavra-frase há um mesmo movimento, um contínuo: "*um motivo obsessivo em campos de expressão totalmente diferentes*". O quadro prévio, como o chama Klossowski em *Se puede decir siempre que el trazo* (1971), determina a escolha do modo de expressão dominante sobre o qual giram os outros. A expressão oscila entre "*fazer ver ou fazer entender*". Operações opostas embora o que medeie entre elas seja o movimento entre descrever e demonstrar. No limiar se aproximam desenho e palavra-frase quando a escritura não persegue uma função demonstrativa senão de "vidência". Este o caso de Artaud. Pode-se dizer também de Michaux que, sob efeitos de substâncias psicotrópicas, funde em uma mesma página a escritura que se decompõe em sua significação a favor de um ver pleno do traço. Cocteau ou Klossowski desenham buscando na figuração detida, para encontrar o germe do motivo narrativo. Aquilo que habita no limiar é a insistência de um gesto onde vibra algo incomunicável e irrepresentável e algo que se formaliza como estereótipo. Artaud faz prevalecer a operação descritiva em seus desenhos, embora não só essa. Habita neles uma forte demonstração da matéria elétrica e suas forças. O que é que o traço demonstra sob o efeito das forças? A inconsistência do rosto como "unidade rostificante". Algo escapa em seus traços, algo busca o reverso do visível. O rosto alcança sua presença por camadas e define sua fisionomia apenas perseguindo a intensidade das linhas de força na superfície do corpo. Tanto os desenhos como as palavras de Rodez fazem advir na expressão um rosto centrífugo que busca a adequação ao corpo. Desta forma, inverte uma noção clássica que chega até o alemão George Simmel, de que o rosto é uma unidade centrípeta. O centrífugo do traço de Rodez é a busca de conexão com forças impessoais, materiais e elétricas, que dissolvem os aspectos históricos, do indivíduo, do social e da comunicação do rosto.

Artaud descobriu em Rodez que sob qualquer fundamento se encontra um mundo essencial reduzido ao silêncio. O vazio sem origem nem centro designa o corpo concreto e suas potências. O rosto tal qual se nos apresenta socialmente codificado está ligado a uma força metafísica e a uma solidificação alienante. As grafias de matéria elétrica reclamam fealdade e obscenidade como uma nova beleza ou liberdade do corpo. Como Fassbinder soube fazer para o cinema, Artaud pede enfeiar-se e trabalhar. O novo rosto está em mãos de novas forças. Revelar a vacuidade de fundamentos e enfrentar o corpo supõe uma crueldade devoradora onde "*a vontade de verdade*" também o é de morte. O rosto exemplar é o do Santo Sudário. O rosto é Cristo e supõe uma unidade de medida. Para Artaud, Deus como Cristo rostificado, priva-nos de nossa natureza e de nosso próprio nascimento. "*O rosto humano é uma forma vazia, um campo de morte*", porque Deus roubou o corpo e o rosto vivente no modelo de Cristo feito homem. Desde então se impôs a superfície abstrata de uma "rostificação universal". O poeta considera absurdo demorar-se artisticamente nas formas ou "*reproduzir os traços do rosto humano tal como são*" à imagem e semelhança do rosto de Cristo. Acredita que só a expressão desesperada de um condenado que lança sinais ao cosmo pode alcançar a "*força da vida*". Esse condenado é a carne de qualquer um e sua força sempre excede a vida das formas. Artaud, como Michaux, possui um mesmo poder, porque suas expressões nos devolvem o humano pelas vias da carne. Só com gritos das entranhas e a partir de um conhecimento dos abismos o rosto pode dizer o que é e o que sabe. Pode dizer suas erosões e desmoronamentos. O rosto humano prisioneiro de Deus conhece seu "impoder" e sua radical impotência, seu nada a dizer e falta de imaginação. Aquilo que Artaud reclama em Rodez é o rosto atravessado pelas forças, como: "*o de um carniceiro ávido projetado como um canhonaço à superfície mais extrema*". Rosto delineado pelas entranhas, descuidadamente cru, onde a força que deforma revela planos submersos da existência. Devolver o rosto ao homem de carne e osso supõe uma história de dor. Impõe fustigar a sociedade que se organiza em torno do rosto de Cristo gozando de seu espetáculo. O rosto do Santo Sudário é o começo de uma genealogia espetacular que não tem fim e à qual Artaud opõe a sentença: "*a inteligência é meu corpo e nada mais*". O grito do corpo desesperado se opõe ao complô da "rostificação universal do espetáculo". O corpo ocupa o lugar do nada e o lugar sem fundamento; o espetáculo enche todo vazio e povoa tudo com o nome do usurpador.

Tradução de Maria Paula Gurgel Ribeiro

CADASTRO
ILUMI//URAS

Para receber informações
sobre nossos lançamentos e
promoções envie e-mail para:

cadastro@iluminuras.com.br

A *Iluminuras* dedica suas publicações à memória de sua sócia Beatriz Costa [1957-2020] e a de seu pai Alcides Jorge Costa [1925-2016].